AF231655

UNIVERSITÉ DE NANCY

FACULTÉ DE DROIT

Conserve la Couverture

ACCIDENTS DU TRAVAIL

16072

THÈSE

POUR LE DOCTORAT EN DROIT

PRÉSENTÉE A LA FACULTÉ DE DROIT DE NANCY

PAR

Emile VAILLANT

Licencié en Droit

L'Acte public sera soutenu le Samedi 11 Juin 1898, à 4 heures du soir

Président : M. GARDEIL, Professeur.
Suffrayants : { M. LIÉGEOIS, Professeur.
{ M. BOURCART, Professeur

NANCY

IMPRIMERIE ADMINISTRATIVE L. KREIS, RUE SAINT-GEORGES, 51

1898

THÈSE

POUR LE DOCTORAT EN DROIT

FACULTÉ DE DROIT DE NANCY

Doyen : M. LEDERLIN, ✳, I ☯.
Doyen honoraire : M JALABERT, ✳, I ☯.
Professeur honoraire : M. LOMBARD (Ad.), ✳, I ☯.
MM. LEDERLIN ✳, I ☯, Professeur de Droit romain, Chargé du
Cours de Pandectes et du Cours d'Histoire du Droit. (Droit
français étudié dans ses origines féodales et coutumières).
LIÉGEOIS, I ☯, Professeur de Droit administratif et Chargé
du Cours d'Histoire des Doctrines économiques.
BLONDEL, I ☯, Professeur de Code civil, Chargé du Cours
de Principes du Droit public et de Droit constitutionnel
comparé.
BINET, I ☯, Professeur de Code civil et Chargé du Cours
d'enregistrement.
GARNIER, I ☯, Professeur d'Économie politique et Chargé
du Cours de Législation financière.
MAY, I ☯, Professeur de Droit romain, Chargé du Cours
de Pandectes et du Cours de Droit international public (Doc-
torat).
GARDEIL, I ☯. Professeur de droit criminel, et Chargé du
Cours de Législation et Economie industrielles.
BEAUCHET, I ☯, Professeur de Procédure civile, Chargé du
Cours de Procédure civile (Voies d'exécution), et du Cours
de Législation et Economie coloniales.
BOURCART, I ☯, Professeur de Droit commercial.
GAVET, I ☯, Professeur d'Histoire du Droit.
CHRÉTIEN, I ☯, Professeur de Droit international public et
privé
CARRÉ DE MALBERG, A ☯, Professeur de Droit constitu-
tionnel et administratif
GAUCKLER, I ☯, Professeur de Code civil.
MELIN, Docteur en droit Chargé de Conférences.
LACHASSE, I ☯, Docteur en Droit, Secrétaire honoraire.
VALÉGEAS, A ☯, Docteur en Droit, Secrétaire.

**La Faculté n'entend ni approuver ni désapprouver les
opinions particulières du candidat.**

UNIVERSITÉ DE NANCY

FACULTÉ DE DROIT

ACCIDENTS DU TRAVAIL

THÈSE

POUR LE DOCTORAT EN DROIT

PRÉSENTÉE A LA FACULTÉ DE DROIT DE NANCY

PAR

Emile VAILLANT

Licencié en Droit

L'Acte public sera soutenu le Samedi 11 Juin 1898, à 4 heures du soir

Président : M. GARDEIL, Professeur.

Suffragants : { M. LIÉGEOIS, Professeur.
{ M. BOURCART, Professeur.

NANCY

IMPRIMERIE ADMINISTRATIVE L. KREIS, RUE SAINT-GEORGES, 51

1898

A LA MÉMOIRE DE MON PÈRE

A MA MÈRE

AUX MIENS

ERRATA

Pages 9, 9° ligne : *une* au lieu de *un*.

—   12, 12°   —   *elle* à supprimer.

—   15, 4°   —   *commun* au lieu de *comme*.

—   23, 22°   —   *virgule* au lieu de *point et virgule*.

—   41, 17°   —   *imputée* au lieu de *imputé*.

—   49, 5°   —   *fond* au lieu de *fonds*.

—   61, 18°   —   *même la conséquence* au lieu de *la même conséquence*.

—   76, 2°   —   *créée* au lieu de *crée*.

—   83, 29° et 30° : *ne* à supprimer.

— 100, 20°   —   *s'accorde* au lieu de *s'accorda*.

— 110, 14°   —   *se prescrira* au lieu de *se proscrira*.

— 124, 6°   —   *fédérale* au lieu de *féodale*.

— 128, 24°   —   *si elle* au lieu de *s'il*.

ACCIDENTS DU TRAVAIL

CHAPITRE PRÉLIMINAIRE

Dans la seconde moitié de notre siècle, l'industrie mécanique s'est considérablement développée dans toutes les nations. Elle a fait naître dans la question du travail des situations nouvelles, des rapports nouveaux que les différentes législations s'efforcent de réglementer. Cette question très complexe touche aux différentes branches des sciences sociales, et on ne peut la résoudre isolément sans tenir compte des lois essentielles qui régissent l'économie politique et sociale.

Autrefois, il n'y avait pas de vastes agglomérations de la population ouvrière ; l'ouvrier travaillait la plupart du temps seul, était propriétaire de ses outils, maître de son travail. Le machinisme n'existait pas ou à peine, et l'industrie se concentrait dans une multitude de petites corporations. Quelques manufactures seulement s'établissaient près des grandes forêts, le bois étant alors le seul combustible, ou sur les cours d'eaux dont on utilisait la force motrice. Toute la législation industrielle se réduisait alors presque exclusivement aux règlements des corporations.

Avec le groupement ouvrier dans certains centres, qui a suivi la révolution opérée par l'emploi de la vapeur comme force motrice, avec le développement extrême de l'outillage, sont nées ces questions de rapports de patrons à ouvriers, dans lesquelles les pouvoirs publics ont dû intervenir à maintes reprises, malgré l'opposition des économistes libéraux.

Nous nous proposons d'envisager une de ces questions : celle des accidents de travail, devenus aujourd'hui si fréquents, limitant notre étude aux seuls accidents ayant pour cause directe le travail, sans tenir compte des questions accessoires ou connexes, telles que les maladies ou infirmités contractées par l'ouvrier.

Dans ces rapports spéciaux entre patrons et ouvriers, que nous avons à examiner, nous aborderons en premier lieu l'étude de la responsabilité civile du patron ; nous discuterons ensuite la théorie du risque professionnel, et enfin, dans une dernière partie, nous traiterons des assurances contre les accidents du traavil.

Nous nous proposons également de donner, sur chacun de ces points, quelques notions de législation comparée.

PREMIÈRE PARTIE

DE LA

RESPONSABILITÉ CIVILE DU PATRON

Un ouvrier, au cours de son travail, est blessé ou tué. La victime ou ses ayants droit peuvent exercer contre le patron, sous certaines conditions que nous verrons plus loin, une action soit civile, soit pénale.

Le chef d'entreprise est tenu envers ses ouvriers d'une obligation qu'on peut formuler ainsi :

Le patron doit assurer l'hygiène et la sécurité du travail; il doit prendre à l'égard de l'ouvrier toutes les mesures propres à conserver sa santé et sa vie.

Cette règle générale posée, nous allons étudier successivement la source de l'obligation de l'industriel, l'étendue de sa responsabilité. Nous verrons ensuite comment l'action en responsabilité est portée en justice et quelles sont les règles gouvernant l'exercice de cette action. Nous donnerons enfin sur cette matière un exposé de la jurisprudence étrangère.

CHAPITRE PREMIER

***

Source de l'obligation du patron

***

SECTION I

Responsabilité délictuelle et contractuelle.

Pour un premier système, qui est celui de la jurisprudence française, il y a dans la formule que nous venons de donner, une obligation générale, indépendante du contrat formé entre patrons et ouvriers. C'est une responsabilité *ex-delicto*, basée sur les articles 1382 et 1383 du code civil, ainsi conçus :

Art. 1382 : Tout fait quelconque de l'homme, qui cause à autrui un dommage, oblige celui par la faute duquel il est arrivé, à le réparer.

Art. 1383 : Chacun est responsable du dommage qu'il a causé, non seulement par son fait, mais encore par sa négligence ou par son imprudence.

Ainsi le patron répond d'un fait illicite, préjudiciable, commis par lui avec ou sans intention de nuire, en d'autres termes, il doit indemniser

son ouvrier qui a souffert de son délit, sans préjudice bien entendu à l'action publique qui pourrait être exercée si le fait était prévu et puni par
la loi pénale. L'article 13⸱2 C. c., qui s'exprime
d'une façon très générale est applicable à tous,
sans distinction entre personnes liées ou non
entre elles par un contrat : il n'y a pas à distinguer si l'un des contractants, auteur de l'accident,
a causé un dommage à son co contractant ou à
un tiers libre avec lui de toute convention : le fait
préjudiciable doit être apprécié abstraction faite
de tout rapport préexistant entre les parties en
cause.

Ce système, qui, nous le verrons plus loin, est
très dur pour l'ouvrier puisqu'il met à sa charge
le fardeau de la preuve d'une faute imputable au
patron, a été vivement combattu par les juris-
consultes les plus éminents, entre autres MM.
Labbé, Sainctelette, Sauzet, Lyon-Caen, etc., qui,
à la responsabilité délictuelle du patron, oppo-
sent le principe de la responsabilité contractuelle.

C'est, dit-on, en vertu du contrat de louage que
le patron est tenu de prendre toutes les mesures
nécessaires pour sauvegarder la santé et la vie de
ses ouvriers. En vertu de ce contrat il n'est pas
seulement tenu de payer un salaire. A côté de
cette obligation expresse de l'article 1710 C. c., il
existe d'autres obligations tacites, non moins certaines et indiscutables : la sécurité de l'ouvrier,
la salubrité dans les ateliers, obligations que la
jurisprudence sanctionne à tort pour l'application
des articles 1382 et suivants du Code civil, tandis

qu'il en faut chercher la sanction dans l'article 1147 qui régit les personnes entre lesquelles il existe un lien contractuel, en accordant des dommages-intérêts à celui qui est lésé par suite de l'inexécution du contrat, sans qu'il ait à faire la preuve d'une faute imputable à son co-contractant.

Ces deux systèmes exposés d'une façon générale, il nous faut rappeler les arguments invoqués pour leur justification.

En faveur de la responsabilité délictuelle on invoque les raisons suivantes :

1º Nous devons, en vertu de l'article 1382 C. c., respecter, suivant l'expression de Mᵉ Labbé « la vie, la réputation, la propriété d'autrui. » C'est là un principe essentiel, en dehors de la volonté des parties, qu'il n'est pas besoin de rattacher spécialement a tel contrat déterminé, comme le contrat de louage de services, mais qui s'impose dans tous les rapports entre individus. Toute responsabilité est établie sur une faute, et le caractère délictuel d'une faute est évident et ne saurait changer par suite de cette circonstance fortuite qu'il existe un contrat entre l'auteur et la victime de cette faute. « La faute dit un auteur, M. Lefebvre, est une contravention à la loi. Le contrat est la loi des parties. Il n'est pas plus permis aux parties d'enfreindre la loi particulière qu'elles ont volontairement acceptée que de ne pas observer la loi générale édictée par le législateur. Il nous paraît impossible de concevoir que l'infraction aux clauses du contrat, loi particulière, volontairement édictée par les parties soit autre chose qu'enfreindre les dispositions de la loi, contrat général implicitement accepté par les parties. » (*Revue critique, 1888*. Responsabilité délictuelle par Lefebvre, ancien magistrat).

2° Le maître qui a fait un contrat de louage de services avec un ouvrier n'a pas d'autre obligation légale que celle du paiement du salaire, expressément imposée par l'art. 1710 C. c., et ce serait tout-à-fait arbitrairement qu'on voudrait déterminer ces obligations tacites qui lui incombent. Sans doute le patron est tenu d'autres obligations que celle du paiement du salaire convenu, mais ce ne sont pas là des obligations légales comprises dans le contrat de louage et il ne peut être question d'en exiger *ex contractu* l'exécution. Elles ne peuvent donner lieu à une réparation qu'autant qu'il en résulte des conséquences dommageables, en vertu du principe de l'article 1382 C. c.

3° Ce qui se passe en fait dans l'industrie vient corroborer ce qui est justifié en droit. L'ouvrier qui loue ses services ne considère que le seul paiement du salaire qui est proportionnel aux risques plus ou moins grands encourus dans l'exercice du travail. L'ouvrier prend à sa charge le risque attaché à tel métier déterminé, et par compensation il exige une élévation du taux du salaire.

4° Le système de la responsabilité contractuelle n'est pas, dit-on, conforme à l'intention des parties. L'ouvrier offrant ses services n'a rien demandé, rien imposé si ce n'est un salaire proportionnel aux risques. Toutes autres conditions n'ont pas été prévues et le maître les eût d'ailleurs rejetées si l'ouvrier les lui avait proposées. De son côté, celui-ci, choisissant librement son métier, connaît les dangers qu'il court, il sait les prévoir et les éviter ; il accepte facilement de les prendre à sa charge, et ne songe à faire aucune stipulation spéciale, se trouvant suffisamment garanti par le recours qui lui serait accordé contre son patron en cas de faute de celui-ci, conformément au principe général de l'article 1382 C. c.

5° On reproche enfin au système de la responsabilité contractuelle de conduire à des résultats inadmissibles. Supposons qu'un même accident blesse à la fois un ouvrier du patron et une tierce personne ; nous sommes conduits à deux résultats différents : le chef d'industrie responsable sera tenu *ex contractu* envers son employé, *ex delicto* envers le tiers. Un même fait va-t-il donc produire des conséquences différentes par suite de cette simple circonstance que l'une des victimes est liée par un contrat avec l'auteur de l'accident, tandis que l'autre est libre avec elle de tout engagement? Le dommage est de même nature pour chacun, et cependant l'une des victimes va-t-elle avoir, au point de vue de la preuve, un rôle différent de l'autre dans l'instance qui peut s'engager sur le règlement de l'indemnité?

Les partisans de la responsabilité contractuelle apportent de leur côté, à l'appui de leur système des arguments non moins persuasifs :

1° Dans deux notes remarquables parues dans Sirey 1885-4-25 et 1836-4-25, M. Labbé s'est attaché à démontrer que le caractère délictuel d'une faute n'est pas toujours évident comme la jurisprudence semble l'affirmer.

L'article 1382 C. c., ne régit que les personnes libres entre elles de tout engagement, n'ayant à observer dans leurs rapports réciproques que les règles garantissant leur liberté naturelle et leurs droits respectifs tels qu'ils sont fixés par la loi. Mais on peut concevoir d'autres rapports entre deux personnes : elles peuvent par un convention ou contrat, modifier leur situation antérieure et être tenues, en conséquence, selon les clauses du contrat à une plus grande diligence que celle qui est imposée par le droit commun, ou bien elles peuvent élargir le cercle de leur liberté d'action. Sans doute « on doit respecter la vie, la réputation, la propriété d'autrui », mais l'on peut aussi librement, volontairement, par l'accord mutuel, modifier dans certaines limites ses obligations, en créer de nouvelles ; mais il y a alors dérogation au droit commun, une situation nouvelle est établie et cette convention licite doit être exécutée et sanctionnée conformément à la commune intention des parties. L'article 1137 C. c. est interprétatif de cette intention, et en matière de contrat, c'est lui que nous devons appliquer et non l'article 1382.

Ainsi d'une part, responsabilité délictuelle qui régit les personnes qui n'ont point contracté ensemble, d'autre part, responsabilité contractuelle qui régit les personnes entre lesquelles il existe un lien de droit, *vinculum juris*. Ces deux responsabilités sont indépendantes l'une de l'autre.

C'était déjà la solution admise en droit romain. La loi 27, § 29, liv. 9 tit. 2 au Digeste, Ad legem Aquiliam, s'exprime ainsi : Si calicem diatretrum faciendum dedisti, si quidem imperitia fregit, damni injuria tenebitur ; si vero non imperitia fregit, sed rimas habebat vitiosas, potest esse excusatus ; et ideo, plerum que artifices convenire solent, cum ejus modi materiæ dantur, non periculo suo se facere ; quæ res *ex locato tollit actionem et Aquiliæ.*

Notre code en cette matière n'a fait que consacrer les règles du droit romain.

2° La responsabilité contractuelle reconnue, il n'est pas impossible, comme on le prétend, de déterminer les obligations des parties contractantes. L'art 1710 C. c., définit le contrat de louage celui par lequel l'une des parties s'engage à faire quelque chose pour l'autre moyennant un prix convenu entre elles. Mais cet article ne se suffit pas et doit être complété par un autre article très général, l'article 1135 C. c., en vertu duquel les conventions obligent non-seulement à ce qui y est exprimé, mais encore à toutes les suites que l'équité, l'usage ou la loi donnent à l'obligation d'après sa nature. C'est d'après ce texte que nous devons chercher à déterminer les obligations du patron. Le législateur a peut-être volontairement omis de faire cette détermination dans l'article 1710, voulant laisser au juge le soin d'apprécier dans chaque cas particulier la mesure de responsabilité. Le juge appréciera suivant les lieux, les circonstances, les usages, l'obligation qui incombait au patron relativement à la sécurité de son ouvrier, point de fait échappant en conséquence au contrôle de la Cour de cassation. (Cass. Belgique S. 1886, 4, 21).

Le juge, dit cet arrêt, « recherchera et proclamera ce qui, d'après les faits constatés, constitue à ses yeux, en équité, les suites naturelles du contrat entre l'ouvrier et le maître. » Par exemple, dans une usine actionnée par des moteurs dangereux, il sera nécessaire que le chef d'entreprise veille au bon entretien des machines, qu'il emploie pour les actionner, des ouvriers habiles et sûrs, afin de conjurer dans la mesure du possible, les dangers d'accidents ; il devra en outre employer tous les moyens de préservation et de protection découverts par la science, perfectionner son installation, son outillage, selon les progrès de l'industrie, en un mot dit M. Labbé : « le maître qui dirige le travail de l'ouvrier garantit la bonne détermination de ses ordres, le bon état, l'aptitude des instruments qu'il fournit, l'emploi judicieux des moyens les plus sûrs de préservation ».

3° L'augmentation du salaire selon les risques, n'est pas une preuve de la seule obligation du paiement du salaire comme on le prétend dans le système de la jurisprudence. D'abord il n'est pas toujours vrai que le salaire soit en proportion des risques (un ouvrier employé à la couverture d'une maison, par exemple, n'est pas plus payé que tel ouvrier employé aux travaux agricoles, qui ne court guère de risques dans l'exécution de son travail) ; les statistiques démontrent préremptoirement cet état de choses. Et quand bien même il n'en serait pas ainsi, on n'aurait pas pour cela prouvé qu'il n'y a pas de responsabilité contractuelle : « Ce salaire surélévé, serait, selon l'expression de M. Sauzet, le prix des risques qui restent à la charge de l'ouvrier malgré les responsabilités du patron. L'ouvrier, dans une exploitation dangereuse peut être victime d'un accident, par suite d'un manquement personnel, d'une faute grave ou bien d'une maladresse grossière qui n'est imputable qu'à lui ; ce risque là est tout pour lui ; la responsabilité du patron, qu'on la déclare délictuelle ou contractuelle, elle ne l'en exonère point. Et ce risque ne suffit-il pas à expliquer l'exigeance d'un supplément de salaire ? »

De plus, le patron, que sa responsabilité soit délictuelle ou contractuelle, ne répondra pas des accidents survenus par cas fortuit ou de force majeure. N'y a t-il pas là pour l'ouvrier, un nouveau risque qui justifie suffisamment l'élévation des salaires, sans que le patron se soit par là exonéré de sa responsabilité contractuelle ?

4° Les partisans de la responsabilité contractuelle comme ceux de la responsabilité délictuelle invoquent aussi à l'appui de leur thèse, la volonté des parties.

Cette volonté, cette convention de garantie de sécurité n'est-elle pas certaine bien que tacite ? L'ouvrier a t-il pu se désintéresser de sa santé, de sa vie même et s'est-il confié tout entier au patron sans exiger aucune garantie ? Evidemment non, et de son côté, le patron ne doit pas pouvoir se jouer à son gré, de la sécurité de ceux qu'il emploie.

L'on ne peut guère opposer que l'ouvrier a choisi librement son métier, qu'il est libre en tout cas de quitter un atelier dangereux. Il n'est point libre dans le choix de son métier, mais il obéit à des tendances qu'imposent l'habitude, les lieux et les circonstances. Il exerce généralement le métier de son père, qu'il a vu travailler, il s'habitue au genre de travail exécuté dans le pays qu'il habite : né dans un pays de mines, il sera mineur. Il prend le métier qui le fait vivre, lui procure des ressources immédiates plutôt que celui qui convient à ses aptitudes personnelles, et la volonté n'exerce qu'une bien faible action sur la détermination des professions. Enfin l'ouvrier, quels que soient les risques qu'il court, ne peut changer à son gré de métier comme on le dit. Il y a là une impossibilité matérielle sur laquelle il n'est guère utile d'insister.

Le contrat de louage de services implique donc l'obligation de garantir la sécurité du travailleur : la volonté des parties est ici certaine, bien que non exprimée.

5° Il est facile d'écarter le dernier reproche fait au système de la responsabilité contractuelle de traiter différemment, au point de vue de la preuve à fournir, l'ouvrier et les tiers victimes d'accidents. N'est il pas naturel et légitime que l'ouvrier qui a traité avec l'entrepreneur, qui a stipulé tacitement une garantie de sécurité ait une situation privilégiée sur celui qui libre de tout engagement préalable avec l'auteur de l'accident, ne peut que prouver, conformément au droit commun de l'article 1382 C. c., le dommage qu'il a subi ?

Le patron est donc débiteur contractuel de sécurité, en vertu du contrat de louage de services. Nous sommes en conséquence conduits au résultat suivant : le chef d'entreprise, en louant les services d'un ouvrier, a fait avec lui un contrat analogue à celui du locataire d'un objet quelconque, et de même que le locataire d'une maison, par exemple, doit à la fin du bail restituer les lieux loués, à moins qu'il ne prouve qu'il est dans l'impossibilité de le faire par suite d'un fait qui ne lui est pas imputable, tel que le cas fortuit ou la force majeure (article 1733 C. c.), de même, dit énergiquement M. Sauzet, le chef d'entreprise s'est engagé envers son ouvrier à pouvoir à chaque instant le *resutuer*, le *rendre à lui-même, valide* comme il l'a reçu et, s'il ne le fait pas, il manque à son obligation et est tenu d'en réparer les conséquences. Cette conséquence se justifie d'ailleurs par l'examen des situations respectives des patrons et des ouvriers dans l'industrie. L'ouvrier s'offre à exécuter un travail sans avoir à prendre en considération d'autre volonté que celle du maître sous la surveillance et les ordres duquel il agit. Il abdique toute volonté pour se soumettre à une règle imposée par l'entrepreneur. Le patron le prend dans son usine comme un instrument, un outil, et, de même que, répondant des pertes de son matériel, il apporte à sa conservation les soins les plus diligents, ceux d'un bon père de famille, de même, il doit veiller à la sécurité de l'ouvrier et répondre de lui à moins qu'il ne justifie d'une absence de faute de sa part.

Nous avons appliqué l'article 1733 du C. c. pour

établir l'obligation du chef d'industrie, et ici, il n'y a pas une responsabilité basée sur la faute aquilienne, une présomption de faute délictuelle, mais une simple application du droit comme en matière de contrat de louage, l'obligation de restituer la chose louée après avoir veillé fidèlement à sa conservation, principe général posé par les articles 1137 et 1147 du Code civil.

Mais l'article 1137 parle de soins de conservation d'une *chose*. Est-il rationnel, en notre matière, d'appliquer cette disposition aux personnes ? M. Labbé dans la note parue dans Sirey 1885, 4. 30. déclare que « l'article 1137 doit être appliqué à la préservation de la personne, lorsque le contrat, comme dans le contrat de louage, attribue à une partie que l'on appelle le maître la direction de l'activité de l'autre partie. » On objecte cependant que c'est là une simple affirmation qui n'est pas prouvée, qu'il n'est pas du tout certain qu'un texte relatif à une chose, à un objet inanimé soit applicable à une personne. On pourrait répondre que l'article 1137 se trouve au titre des obligations en général, et qu'en parlant seulement d'une chose le législateur a statué *de eo quod plerumque fit*, ne visant que les cas les plus fréquents, sans vouloir aucunement limiter sa pensée.

SECTION II

Intérêt de la distinction de la responsabilité délictuelle et contractuelle

En premier lieu, les dommages et intérêts accordés à l'ouvrier ne s'apprécieront pas de la même façon. La responsabilité délictuelle est étrangère aux dispositions des articles 1146, 1150, 1151 et 1353 du Code civil qui visent les dommages et intérêts dus en vertu de l'inexécution d'un contrat. Ainsi, par exemple, les dommages et intérêts contractuels ne sont dus en principe que du jour de la demande, tandis que les dommages et intérêts dus à raison d'un délit ou quasi délit peuvent être accordés à partir du jour de ce délit ou quasi délit.

Nous ne pouvons nous étendre plus longtemps sur ces questions de droit civil dans la crainte de nous écarter de notre sujet et nous signalons de suite deux autres conséquences différentes résultant de l'adoption de l'un ou de l'autre système :

1° La différence capitale réside dans la charge de la preuve à faire en justice ;

2° La question de limitation de la responsabilité du patron peut aussi être résolue différemment selon l'opinion que l'on adoptera.

Nous réservons à un autre chapitre l'étude de ces deux points.

CHAPITRE II

Etendue de l'obligation du patron

La responsabilité civile du patron, avons-nous
vu, est fondée sur un fait délictueux par lui commis ou sur une faute contractuelle de sa part.
Recherchons à présent quelles sont, à la suite d'un
accident du travail, les limites de cette responsabilité.

Un accident peut survenir à la suite de trois causes différentes :

1° D'un cas fortuit ou de force majeure ;

2° D'une faute de l'ouvrier ;

3° D'une faute du patron.

§ 1ᵉʳ. *Cas fortuit ou de force majeure*

Ces expressions semblent synonymes et le
législateur les emploie indifféremment. Elles sup-
posent un évènement qu'il a été tout à fait impossible de prévoir ou dont la cause est absolument
ignorée (jurisprudence constante), qu'on ne pouvait prévenir par aucun moyen.

On fait toutefois une distinction entre le cas fortuit et la force majeure ; le cas fortuit semble

impliquer davantage le fait de l'homme ; la force majeure, l'action des éléments de la nature (foudre, inondation).

L'accident survenu dans ces conditions n'est pas à la charge du patron et la victime doit en supporter exclusivement les conséquences.

C'est ainsi que la jurisprudence refuse un recours à l'ouvrier dans les cas suivants :

a) Quand il a été tout à fait impossible de découvrir la cause de l'accident : l'ouvrier ne peut prouver la faute de l'entrepreneur et doit être débouté. Cass. 26 novembre 1877. D. 78. 1. 118. S. 88. 1. 148. — 2 décembre 1884. D. 85. 1. 423. S. 86. 1. 367.

b) Lorsqu'un accident est arrivé malgré toutes les diligences que le patron a pu prendre, diligences telles qu'on ne puisse lui reprocher la moindre négligence, quand même l'accident serait causé par l'emploi d'un instrument dangereux qui pourtant est en usage dans l'industrie et dont le patron ne pouvait se passer. Dijon. 16 mars 1865. D, 65. 2. 81. — Cass. 26 novembre 1877. D. 78. 1. 118. S. 78. 1. 148. — 2 novembre 1884. D. 85. 1. 423. S. 86. 1. 367.

c) Quand l'accident a été causé par un tiers non au service de l'entrepreneur, et dont celui-ci n'a pas à répondre. Cass. 24 juillet 1857. D. 57. 1. 369. — 26 novembre 1877. D. 78. 1. 118. — 14 avril 1886. D. 87. 1. 77.

Cependant le maître pourrait être déclaré responsable si, en prenant toutes les mesures de sécurité possible, il eût pu conjurer entièrement ou pour partie les conséquences de l'accident fortuit, autrement dit, il répond de la moindre négligence par lui commise. Conseil d'Etat. 5 février 1857. D. 58. 3 45. — 4 juillet 1860. D. 60. 3. 50..

§ 2. *Faute de l'ouvrier*

L'ouvrier a causé l'accident : il n'a pas droit à indemnité, car chacun répond de son fait, de ses actions, et le chef d'industrie ne peut en répondre s'il n'en a pas été l'instigateur, s'il n'a pas donné d'ordre spécial à son subordonné, en un mot si l'ouvrier ne peut imputer qu'à lui-même les motifs qui l'ont fait agir.

Ainsi il serait mal fondé à exercer un recours dans les cas suivants :

a) Lorsqu'il a commis une imprudence ou une négligence pendant l'exécution de son travail. Douai. 14 décembre 1846. S. 48. 2. 542. — Cass. 17 novembre 1884. S. 81. 1. 360.

b) Lorsqu'il n'a pas jugé à propos d'user des moyens de protection que le patron avait mis à la disposition de ses ouvriers. Paris. 19 janvier 1867. D. 67. 5. 370.

c) Lorsqu'il exécutait un travail autre que celui qui était demandé. Alger. 7 novembre 1870. D. 70. 2, 211.

Cependant il y aurait lieu d'apporter une exception à cette règle si l'ouvrier s'était distrait de son travail pour prévenir, tâcher d'éviter un accident imminent dont les conséquences eussent été à la charge de l'employeur. Cass. 28 août 1882. D. 1883. 1. 239. — Lyon. 5 avril 1856. D. 1857. 2. 86. C'est ainsi que cet arrêt de la Cour de Lyon déclarait une Compagnie de chemins de fer responsable des blessures faites à un de ses ouvriers par un train, bien qu'au moment de l'accident, cet ouvrier se trouvât en état d'infraction aux règlements, cette infraction ayant été commise sous l'influence d'un sentiment généreux et en vue de préserver les voyageurs d'un danger.

§ 3. *Faute du patron*

La jurisprudence se conformant au courant social en faveur de l'ouvrier, s'est mise à apprécier d'une façon très sévère la faute du patron, accordant largement à l'ouvrier un recours en indemnité.

On se base sur le principe suivant :

Le patron est en faute dès lors qu'il aurait pu éviter l'accident en prenant des précautions, et cela, quelle que soit la dépense, quelle que soit la rareté des accidents.

Par application du principe, pour être exonéré de toute responsabilité, le chef d'industrie doit strictement observer les obligations suivantes :

a) Choix pour chaque sorte de travail d'une personne apte à l'effectuer.

L'entrepreneur commettrait une faute s'il venait à employer dans ses ateliers soit une personne trop faible physiquement pour tel travail déterminé, soit une personne incapable de se rendre compte des dangers qu'elle peut courir, incapacité tenant à la jeunesse de l'ouvrier ou à la faiblesse de son esprit, et, dans ces cas d'incapacité intellectuelle, il sera tenu de se montrer, relativement aux mesures de prudence et de sécurité, plus vigilant qu'à l'égard de l'adulte, en pleine possession de ses facultés. (Lyon, 9 décembre 1854, S. 55. 2. 606. — Aix, 10 janvier 1877, S. 77. 2. 330. — Nancy, 9 décembre 1876, S. 79. 2. 228. — Cass., 7 mars 1892, S. 93. 1. 292).

Il a été jugé que le patron qui emploie un enfant au service d'une machine à vapeur, commet une imprudence, et il peut être déclaré responsable de l'accident arrivé à cet enfant quand bien même il y aurait faute de ce dernier. (Paris, 29 avril 1875, S. 76. 2. 182).

Il importerait peu qu'il y ait imprudence, inattention ou désobéissance de la part de l'enfant, sauf à modérer le chiffre des dommages-intérêts. (Nancy, 9 décembre 1876, S. 79. 2. 228. — Bordeaux, 19 août 1878, S. 79. 2. 13).

Le patron doit même garantir les enfants contre les défauts naturels à leur âge, leur légèreté, leur étourderie, leurs caprices. (Paris, 1er mars 1887, D. 87. 2. 208).

La Cour de Paris a jugé que la responsabilité du patron est engagée lorsqu'il a laissé travailler, sans surveillance, dans le voisinage d'une courroie de transmission, un enfant qui s'est laissé prendre et broyer le bras par cette courroie, et cela, quand bien même le travail auquel cet enfant était assujetti, n'offrait en lui même aucun danger. (Paris, 12 décembre 1881, S. 82. 2. 136).

b) Matériel irréprochable.

Le chef d'industrie répond d'un accident survenu par suite d'une installation défectueuse du matériel. Il doit veiller à l'entretien des machines et assurer le fonctionnement régulier de l'outillage. (Cass. 13 janvier 1868, S. 68. 1. 298. — Lyon, 20 janvier 1873, D. 1873. 2. 189. — Dijon, 24 janvier 1883, D. 1884. 2. 89. — Lyon, 20 juin 1873. D. 1873, 2. 189. — Aix, 2 mai 1889. *Gaz. Pal.*, 89. 2. 83).

De quelle nature doivent être les perfectionnements que le chef d'entreprise est tenu d'apporter à son matériel pour se mettre à l'abri d'un recours ? Faut-il qu'il ait introduit dans son usine l'outillage généralement employé dans les industries similaires, ou bien faut-il qu'il se soit mis au courant de tous les perfectionnements apportés par la science, en les appliquant à ses ateliers ? La question n'est pas nettement tranchée, cependant il semble qu'un courant se trace dans le sens de la sévérité. (Paris, 4 février 1870, D. 70. 2. 111. — Nancy, 9 décembre 1876, D. 79. 2. 47. — Aix, 10 janvier 1877, D. 77. 2. 204. — Trib. Alais, 25 juillet 1889, *Gal. Pal.*, 89. 2. 306).

c) Mesures de prudence et de prévoyance dans l'organisation et la direction du travail.

La Cour de cassation ordonne au patron de protéger l'ouvrier contre les dangers qui peuvent être la conséquence du travail de celui-ci. Dès lors, le patron doit prévoir les causes non seulement habituelles, mais même simplement possibles d'accidents, et prendre les mesures propres à les écarter. (Cass. 7 janvier 1878, S. 78. 1. 412. De même Grenoble, 6 février 1894, S. 95. 2. 31.

L'entrepreneur doit également s'assurer que le travail s'exécute dans des conditions normales et prendre des mesures en conséquence. (Lyon, 8 décembre 1869, D. 70. 3. 63. — Dijon,

27 avril 1877, D. 78. 1. 297. — Douai, 27 juin 1881, D. 82. 2. 183. — Grenoble, 17 mai 1892, D. 92. 2. 292. — Cass., 28 août 1882, D. 83. 1. 239).

Enfin des précautions particulières sont imposées suivant l'inexpérience de l'ouvrier, les dangers auxquels il est exposé, etc. Paris, 29 mars 1883, D. 84. 2. 89. — (Paris, 24 août 1877, D. 78. 2. 97. — Cass., 7 mars 1893, D. 93. 1. 208).

Quant aux enfants, nous avons déjà vu qu'il est nécessaire d'exercer la plus grande vigilance à leur égard, de les garantir contre leur légéreté et même leurs caprices, naturels à leur âge.

Ainsi, en résumé, le chef d'industrie répond de son imprudence ou de sa négligence, de sa faute *in omittendo* aussi bien que sa faute *in committendo*. La formule de l'article 1382 C. c. semble cependant exiger l'accomplissement d'un acte positif, mais l'article 1383 vient compléter cette formule et justifier le recours en dommages et intérêts dans le cas de faute *in omittendo*, quand il y a obligation de faire tel acte déterminé, soit en vertu de la loi ; soit en vertu d'une convention expresse ou tacite.

d) Observation stricte des lois et des règlements. La jurisprudence en fait une sévère application spécialement en ce qui concerne les actes législatifs relatifs aux femmes et aux enfants employés dans l'industrie (Grenoble, 20 décembre 1892, D. 93. 2. 534. — Cass., 2 décembre 1884, D. 85. 1. 423).

§ 4. *Faute des préposés du patron*

Le patron n'est pas seulement responsable de

sa faute, mais aussi de celle de certaines personnes prévues par l'article 1384 C. c. al. 1 et 3, qui vient compléter les articles 1382 et 1383.

Art. 1384, al. 1. On est responsable non seulement du dommage que l'on cause par son propre fait, mais encore de celui qui est causé par le fait des personnes dont on doit répondre ou des choses que l'on a sous sa garde.

Al. 3. Les maîtres et commettants (répondent) du dommage causé par leurs domestiques et préposés dans les fonctions auxquelles ils les ont employés.

Le fondement de cette responsabilité doit être cherché dans l'autorité du patron : chef d'exploitation, il gouverne, surveille tous ses employés et ouvriers qui ne font qu'exécuter ses ordres et agissent pour lui, de sorte que leurs actes doivent être considérés comme accomplis par le maître lui-même.

Mais il y a deux sortes de préposés : Les uns reçoivent une délégation partielle de l'autorité du patron : ingénieurs, surveillants, contre-maîtres, etc.

Dans les limites de cette délégation, ils le remplacent dans sa mission, dans ses obligations, agissent pour lui, à sa place, et engagent sa responsabilité dans la mesure où ils ont failli aux obligations imposées aux chefs d'industrie.

Les autres préposés sont les ouvriers, et toute imprudence, négligence, fautes préjudiciables, de l'un d'eux engage le commettant envers les autres ouvriers ou tiers lésés, victimes de la faute. Cette faute doit d'ailleurs avoir été commise durant l'exécution du travail, car le maître n'est véritablement représenté que dans ce cas, et il doit rester étranger à tout acte qui ne rentre pas dans le cercle de l'exploitation industrielle. C'est ainsi qu'il ne répondrait pas des conséquences d'une rixe survenue entre deux ouvriers. (Paris, 8 octobre 1856. S. 57. 2. 445. — Cass., 30 août 1860. S. 60. 1. 1013. D. 60. 1. 518. — Limoges, 27 novembre 1863. S. 69. 2. 42).

Le maître, dans le cas où sa responsabilité est en jeu par suite d'une faute de son préposé, ne pourrait faire la preuve de l'impossibilité où il s'est trouvé d'empêcher le fait dommageable. Cela est de doctrine et de jurisprudence et résulte du § 5 de l'art. 1384, C. c. qui ne réserve cette preuve qu'à certaines personnes limitativement déterminées. (Cass. 30 août 1860, D. 60. 1. 518. — Dijon, 23 avril 1869. D. 69. 2. 194).

Le patron condamné, en sa qualité de commettant, au paiement d'une indemnité, peut exercer un recours contre l'auteur de l'accident. Mais s'il était reprochable d'une faute personnelle, concurremment avec celle de son préposé, il serait condamné personnellement, sans recours possible, à une partie des dommages-intérêts : la responsabilité serait répartie selon la faute de chacun. — (Trib. Bordeaux, 8 avril 1848. D. 48. 1. 118. — Cass. 24 février 1886. D. 81. 1. 31).

§ 5. *Faute commune au patron et à l'ouvrier victime*

Un accident est dû à une faute de l'ouvrier, mais on peut aussi relever une faute contre le patron, un défaut de surveillance, par exemple ou l'insuffisance de mesures préventives. La faute de l'un n'a point pour résultat d'annihiler celle de l'autre. Il faut déterminer exactement le degré de responsabilité de chacun et en tenir compte dans l'allocation des dommages-intérêts. La conséquence sera la diminution du chiffre de l'indemnité. — (Paris, 4 février 1870. D. 70 2. 111. — 16 novembre 1871. D. 71. 2. 208. — Nancy, 9 décembre 1876. D. 79. 2. 47. — Cass. 8 février 1875. S. 75. 1. 204. — Cass. 28 août 1882. D. 83. 1. 239).

La cour de Nancy, dans un arrêt du 29 juin 1895, décide que l'ouvrier ne saurait, pour justifier son droit, arguer de l'omission de mesures de précautions prescrites aux patrons, si cette omission n'a eu aucune influence sur l'accident qui est dû uniquement à l'imprudence de l'ouvrier.

§ 6. *Faute commune au patron et à un tiers*|

Ici comme précédemment, on déterminera la mesure de responsabilité incombant à chacun, et l'indemnité sera répartie proportionnellement à la faute. L'entrepreneur, actionné seul, aurait la faculté de faire intervenir dans l'instance le tiers partiellement responsable, et s'il se laissait condamner seul, il pourrait ultérieurement exercer un recours contre celui-ci. (Cass. 25 juillet 1870. D. 72. 1. 25. — 12 janvier 1881. D. 81. 1. 248. — 18 novembre 1885. D. 86. 1. 398. — 22 juillet 1891. D. 92. 1. 335).

Telle est, selon la jurisprudence, l'étendue de la responsabilité du patron, et sur ce point, les partisans de la faute contractuelle sont d'accord avec les partisans de la faute délictuelle. Ceux-là, dont le but est de consacrer le renversement de la preuve, n'aggravent aucunement la mesure de responsabilité du patron, mais laissent à la charge de chacun, ouvrier et entrepreneur, selon les règles que nous venons d'étudier, les conséquences de sa faute, sans innover non plus relativement aux accidents survenus par cas fortuit ou force majeure.

§ 7. *Des restrictions à la responsabilité civile du patron*

Le chef d'industrie pourrait-il, par une clause particulière restreindre ou s'affranchir de sa responsabilité ?

La jurisprudence et les partisans de la théorie de la faute délictuelle qui rattachent la responsabilité au principe d'ordre public de l'article 1382 C. c., prohibent toute clause qui limiterait ou éteindrait cette responsabilité (art. 6, C. c.). L'article 2046 du code civil dit bien qu'on peut transiger sur l'intérêt civil qui résulte d'un délit, mais il suppose le délit commis au moment de la transaction. On ne peut donc s'affranchir de sa responsabilité délictuelle éventuelle.

C'est en ce sens que le Conseil d'Etat a décidé par un arrêt du 11 mars 1881 que l'Etat ne pouvait invoquer des avis affichés dans ses ateliers, d'après lesquels les ouvriers étaient prévenus qu'en cas d'accident, l'administration ne prenait envers eux aucun engagement. (S. 1882. III, p. 53).

En ce sens : (Trib. Saint-Etienne, 10 août 1886,

S. 87. 2. 48. — Conseil d'Etat, 11 mars 1881.
D. 82. 3. 83. — Cass., 19 août 1878, D. 79. 214).

De même, par un arrêt du 24 juillet 1874, la Cour de Dijon a décidé que « les ouvriers d'une Compagnie minière ne sont pas liés par les clauses du règlement de leur société de secours mutuels partant : 1° que la société, moyennant une subvention, est substituée à la Compagnie pour toutes les obligations pouvant incomber à celle-ci vis-à-vis des ouvriers en vertu des art. 1382 et suivants. 2° que le conseil d'administration de la société est constitué tribunal arbitral pour statuer souverainement sur les droits à prétendre par les ouvriers victimes d'accidents, ceux-ci renonçant à demander aux tribunaux ordinaires d'autres et plus grands secours et indemnités que ceux réglés par les statuts. » La Cour frappe ensuite de nullité absolue toute clause ou règlement limitant la responsabilité établie par l'article 1382, et malgré toute limitation, les tribunaux sont toujours libres d'apprécier souverainement le quantum qui doit être accordé à l'ouvrier quand bien même celui-ci aurait touché de la société des secours quelconques, car il n'a pu valablement confirmer une clause nulle de nullité absolue. — (Dijon, 24 juillet 1874, S. 75. 2. p. 73. — Conseil d'Etat, 11 janvier 1889. D. 90. 3. 31).

Mais aux yeux des partisans de la faute contractuelle, la clause de limitation est-elle licite ? Les avis sont partagés. Pour ceux qui affirment qu'on ne peut s'affranchir des conséquences de ses fautes même contractuelles, « qu'il est immoral de s'affranchir de la responsabilité de sa faute. »

(Troplong, t. III, nᵒ 942), aucune clause limitative
ne sera permise. D'autres reviennent à la distinction romaine du dol, de la faute lourde et de la
faute légère. On ne pourrait rien stipuler relativement au dol et à la faute lourde, mais quant à la
faute légère, il ne semble pas qu'on puisse considérer comme illicite une clause limitative de responsabilité. — D'autres enfin font une distinction
entre les conditions essentielles d'un contrat et les
conditions qui sont seulement de la nature de ce
contrat. « Nous croyons, dit M. Sauzet, qu'en
matière de responsabilité contractuelle, c'est par
l'examen des conditions essentielles à chaque contrat, conditions au nombre desquelles peut, en
certains cas, être comprise la responsabilité des
fautes, que la question doit être tranchée. Il y
aurait donc à rechercher si la responsabilité du
patron dans les industries dangereuses, si son
obligation de veiller à ce que le travail s'accom-
plisse dans les meilleures conditions de sécurité,
est un élément essentiel ou simplement naturel
du contrat de louage. »

On ne discute pas sur le point de savoir si le
chef d'industrie pourrait, par une clause spéciale,
étendre sa responsabilité. Tout le monde recon-
naît comme licite l'engagement pris par le patron
d'indemniser son ouvrier à la suite d'un accident
survenu par cas fortuit ou de force majeure.

§ 8. *Responsabilité pénale du patron*

Elle résulte des articles 319 et 320 du Code
pénal.

Art. 319 : Quiconque par maladresse, imprudence, inattention, négligence ou inobservation des règlements, aura commis involontairement un homicide ou en aura involontairement été la cause, sera puni d'un emprisonnement de 3 mois à 2 ans et d'une amende de 50 fr. à 600 fr.

Art. 320 : S'il n'est résulté du défaut d'adresse ou de précaution que des blessures ou coups, le coupable sera puni de 6 jours à 2 mois d'emprisonnement et d'une amende de 16 fr. à 100 fr. ou de l'une des deux peines seulement.

Mais cette responsabilité ne sera que bien rarement engagée, car la plupart du temps le chef d'entreprise ne sera pas l'auteur direct de l'accident, mais un de ses préposés ou ouvriers, et il ne sera tenu que civilement, les articles 319 et 320 ne s'appliquant qu'à celui qui a commis personnellement le délit.

Nous n'avons pas à nous étendre sur le point de savoir par qui et comment s'exerce l'action pénale, à la suite d'accident ; c'est le droit commun qui s'applique (articles 1, 2, 3, 145, 182 C. I. cr.)

Notons l'art. 3 : « L'action civile peut être poursuivie en même temps et devant les mêmes juges que l'action publique. Elle peut aussi l'être séparément : dans ce cas, l'exercice en est suspendu tant qu'il n'a pas été prononcé définitivement sur l'action publique intentée avant ou pendant la poursuite de l'action civile. » *Le criminel tient le civil en état*, et le juge, saisi de l'action civile, doit surseoir à statuer jusqu'à ce que le délit ait été tranché au criminel, la décision du tribunal répressif ayant autorité de chose jugée au civil et à l'égard de tous, ce que la jurisprudence interprète en ce sens qu'il n'est pas permis au juge de méconnaître ce qui a été décidé d'une manière *certaine* et *formelle* par la juridiction criminelle.

Cass. 9 juillet 1866. D. 66. 1. 334. — 17 mars 1874. D. 74. 1. 398. — 28 juillet 1879. D. 80. 1. 223.

Il semblerait, par application de ce principe, qu'au cas de blessures involontaires, occasionnées sans intention coupable, le fait de l'acquittement au correctionnel impliquât la non-existence du délit et par conséquent interdît tout recours ultérieur par l'action civile.

Cependant la jurisprudence accorde ce recours au civil malgré l'acquittement : « La considération qui justifie cette jurisprudence, est-il dit en note sous l'arrêt précité du 28 juillet 1879, c'est que si les éléments constitutifs du délit prévu par l'article 319 C. pénal, ne diffèrent pas par leur nature de ceux qui constituent le quasi délit dont s'occupe l'art. 1382 C. c., ils s'en distinguent néanmoins par le degré de faute, qui doit être plus élevé pour imprimer au fait le caractère de délit, en sorte que l'on conçoit très bien que le jugement correctionnel qui acquitte le prévenu du délit de blessures par imprudence ou par maladresse, inattention, négligence, etc., non point en niant l'existence du fait, mais en refusant de reconnaître à l'imprudence, à la maladresse, à l'inattention ou à la négligence, assez de gravité pour rendre le fait délictueux, ne mette aucun obstacle à ce que la juridiction civile voie dans ce même fait la faute moins grave qui suffit pour engager la responsabilité civile de son auteur et le soumettre à une action en dommages-intérêts. »

Et même un arrêt de la Chambre civile en date du 9 janvier 1877 admet qu'il en serait de même si le juge correctionnel avait, non seulement déclaré la non existence du fait délictueux, mais avait ajouté qu'il n'y avait aucune faute à mettre sur le compte du prévenu, ceci ne rentrant pas dans ses attributions de juge répressif. (D. 79. 1. 475.)

Ainsi, le jugement rendu au criminel n'a autorité de la chose jugée, au civil, qu'à l'égard du fait déclaré ou non délictueux ; il n'en est pas ainsi relativement à l'action en dommages-intérêts qui pourrait être, à raison du même fait, basée sur l'existence d'un quasi délit (art. 1382). Le juge civil ne peut violer ce qui a été formellement reconnu par le juge criminel, dans les limites de ses attributions, mais il reste compétent sur tout ce qui a été ou doit être soustrait à l'appréciation de ce dernier. (Aix. 19 février 1892. Gaz. Pal. 92. 1. 449. — Cass. 31 mai 1892. Gaz. Pal. 92. 2. 37. — Trib. civ. Seine. 18 juin 1892. Gaz. Pal. 92. 2. 282).

Une dernière observation : Quand une action pénale est intentée à la requête du ministère public, généralement la personne lésée a intérêt à se porter directement partie civile au lieu d'exercer ultérieurement un recours en dommages-intérêts. Mais il n'en sera pas toujours ainsi s'il y a contravention à la loi du 2 novembre 1892 ou à celle du 12 juin 1893 sur le travail des enfants. En effet, l'action publique sera ici portée devant le juge de paix dont la compétence ne dépasse pas le taux de 200 fr. Si l'on estime avoir droit à de plus amples dommages-intérêts, l'action civile devra être indépendante de l'action publique et être portée devant le tribunal de première instance, sauf à celui-ci à surseoir, à statuer jusqu'à ce que l'action publique ait été tranchée.

———————

CHAPITRE III

Exercice de l'action en responsabilité civile et spécialement « de la preuve en matière d'accidents. »

§ 1er. *Des différentes actions et à qui elles appartiennent.*

L'exercice de l'action appartient à la victime d'accident qui survit à ses blessures. C'est une action exclusivement attachée à la personne, que les créanciers ne peuvent exercer au nom de leur débiteur en se basant sur l'art. 1166 C. c., car elle tend à la réparation d'un délit commis contre la personne et la personne est en dehors du gage des créanciers ; il ne doit pas dépendre d'eux de me mettre en scène malgré moi, de m'engager dans les débats publics d'un procès relatif à un acte m'atteignant dans ma personne (Demolombe. Traité des contrats, t. 2, n° 82). D'ailleurs, mes créanciers n'éprouvent aucun préjudice certain et leur action n'a pas de fondement. (Besançon, 1er décembre 1880, D. 81. 2. 65).

Et ce ne sont pas seulement les créanciers, mais aussi les parents de la victime qui n'ont pas d'action. A la seule personne du blessé, il a été véritablement porté atteinte, et à la victime seule, par les motifs portés plus haut, il sera accordé un recours en indemnité.

Cependant la question est discutée.

En notre sens : Lyon, 26 avril 1871. D. 71. 2. 41.

Contre : Bourges, 23 janvier 1867. D. 67. 2. 198.

Si la victime d'accident vient à décéder ultérieurement, deux actions peuvent être exercées :

Dans la personne de l'ouvrier blessé, puis décédé, était née une action qui, entrée dans son patrimoine passe telle quelle à ses héritiers. Mais ceux-ci peuvent aussi éprouver un préjudice par suite du décès de leur auteur et ils doivent aussi en obtenir réparation.

Ainsi il y a deux sortes de préjudices : préjudice causé à la victime qui ensuite est décédée, transmettant son action, et dommage causé aux héritiers par suite de ce décès. Ceux-ci peuvent à ce double titre exercer une action contre le patron. (Aix, 14 juin 1870. D. 72. 2. 97. — Angers, 12 juillet 1872. D. 72. 5. 386).

Mais si l'ouvrier est mort sur le coup, au moment même de l'accident, cette double action pourra-t-elle encore être exercée ? Il est certain que les héritiers peuvent exercer un recours en réparation du préjudice que leur cause la mort de leur auteur. Mais peuvent-ils se prévaloir de l'action qui serait née dans la personne de celui-ci, s'il eut survécu ? Pour la négative on dit que cette action, qu'ils n'exerceraient pas en leur nom propre, mais indirectement, comme héritiers, n'est pas entrée dans le patrimoine du défunt, mort sur coup, qu'elle n'a pas été fixée un seul instant sur sa tête, qu'elle n'a donc pu être transmise. Pour l'affirmative, on dit qu'il serait étrange d'accorder un recours, comme action transmise, dans le cas d'accident suivi plus tard de mort, et de le refuser dans le cas de mort instantanée. N'y a-t-il pas ici une circonstance aggravante contre le patron et sa responsabilité va-t-elle être d'autant moins grande que sa faute est plus grave. D'ailleurs on pourrait dire que l'action est née dans la personne de la victime : la mort, en effet, a été une conséquence de l'accident, fait primitif, antérieur, et non con-comittant, et cela suffit pour dire que l'action est née dans la personne du défunt et a fait, ne fût ce qu'un instant de raison, partie de son patrimoine. — La jurisprudence semble pourtant vouloir refuser l'exercice d'une double action et n'accor-der aux héritiers qu'un recours purement per-sonnel, basé sur le préjudice qu'ils ont éprouvé par suite de l'accident. (Besançon, 1ᵉʳ décembre 1880. D. 81. 2. 65. — Cass. 21 juillet 1869. D. 72. 5. 386).

La question présente une grande importance pratique lorsque les héritiers sont des parents éloignés qui n'éprouvent qu'un faible préjudice direct. S'ils ne peuvent exercer qu'un recours purement personnel, ils n'obtiendront qu'une indemnité minime, tandis que s'ils agissaient au nom de leur auteur, il pourrait leur être attribué des dommages-intérêts considérables.

§ 2. *De la preuve en matière d'accidents.*

Nous allons ici retrouver la lutte entre les partisans de la responsabilité contractuelle et de la responsabilité délictuelle :

Pour ceux-ci, l'action en dommages et intérêts exercée contre le patron étant basée sur l'article 1382 C. c., l'ouvrier doit faire la preuve d'une faute, d'un délit ou quasi délit imputables au chef d'entreprise et établir que cette faute, ce délit ou quasi délït sont la cause de l'accident. C'est le droit commun : la faute ne se présume pas, et l'ouvrier qui se prétend créancier de dommages-intérêts doit être débouté s'il ne parvient pas à justifier de l'existence de sa créance.

La jurisprudence est toujours restée très ferme en ce sens : (Cass. 19 juillet 1870, D. 70. 1. 361. — 6 février 1883, S. 86. 1. 215. — 15 avril 1889, D. 90. 1. 136. — 8 juillet 1878, S. 78. 1. 412. — 31 mai 1886, S. 87. 1. 209. — 6 mars 1888, S. 88. 1. 267. — Lyon, 26 avril 1871, S. 71. 2. 156. — Aix, 10 janvier 1877, S. 77. 2. 336. — Bordeaux, 3 juillet 1878, S. 79. 2. 4. — Dijon, 24 janvier 1883, D. 84. 2. 89. — Orléans, 20 décembre 1888, Gaz. Pal. 89. 2. 443. — Rennes, 20 mars 1893, D. 93. 2. 526).

Mais elle n'est pas à l'abri des critiques. Dans bien des circonstances, en effet, la faute du patron n'apparaîtra pas manifestement, et l'ouvrier se trouvera dans une situation sinon injuste, du moins fort dure. Le voilà victime d'accident survenu, nous le supposons, en dehors de toute faute de sa part, et même occasionné par la faute d'un chef d'entreprise. Il a droit à une indemnité qu'il

lui faudrait toucher sans retard, puisqu'il est sans
ressources, et pourtant, il devra faire auparavant, contre son patron, suivant les règles com-
pliquées de la procédure, la preuve de cette faute.
Sans doute, il aura obtenu le plus souvent l'assistance judiciaire et il n'aura rien à avancer pour
les frais du procès, mais que de difficultés ne va-
t-il pas rencontrer au cours de l'instance ? Il va
demander au tribunal à faire la preuve au moyen
des enquêtes, et pour cela, il doit, conformément
au code de procédure civile, articuler des faits
concluants et admissibles, tendant à démontrer
par exemple que le patron avait une installation
défectueuse, qu'il n'avait rien fait pour prévenir
tel ou tel accident, etc. Si la victime est morte, n'y
aura-t-il pas là pour la veuve ou les héritiers une
difficulté presque insurmontable, puisque la plupart du temps ils auront été étrangers à l'usine ou
atelier où travaillait leur auteur ?

Et lorsque le tribunal aura ordonné l'enquête,
l'ouvrier aura tout à craindre dans la déposition
des témoins. Ceux-ci seront presque toujours employés dans l'usine de l'industriel défendeur au procès, et, dans la crainte de lui déplaire ou d'être ren-
voyés, ils se tairont ou ne feront que des déposi-
tions insignifiantes. Et peut-être auront-ils encore,
pour un autre motif, grand intérêt à ne rien dire,
car les causes d'accident sont souvent imputables
à un ouvrier, à un camarade d'atelier, qui, appelé
en témoignage, se gardera bien de parler pour se
soustraire à sa responsabilité civile ou bien à sa
responsabilité pénale prévue par les articles 320 et
321 du code pénal.

Enfin, fréquemment, l'ouvrier aura en face de lui un adversaire redoutable, non pas seulement le patron, qui, la plupart du temps, se sera assuré contre les risques de procès, mais une Compagnie puissante d'assurances, possédant de nombreux agents toujours en quête d'une faute à relever contre la victime, et qui ne craint pas d'épuiser successivement tous les degrés de juridiction en soulevant incidents sur incidents, jusqu'à ce qu'enfin, l'ouvrier, las de plaider, se résigne à transiger pour une faible indemnité.

Le système de la responsabilité contractuelle parera à toutes ces objections :

Le patron étant tenu, en vertu du contrat de louage de services, de prendre toutes les mesures nécessaires à la sécurité de l'ouvrier, de veiller en bon père de famille à la conservation de ce dernier (art. 1137 C. c), « de le rendre valide comme il l'a reçu » (Sauzet), lui doit de plein droit des dommages-intérêts en cas d'accident, puisqu'il n'a pas rempli son obligation, à moins qu'il ne justifie qu'aucune faute ne lui est imputable (art. 1147 C. c.). Ainsi une présomption de faute dérive du contrat, sauf la preuve contraire réservée au patron : c'est le renversement de la preuve au profit de l'ouvrier.

Mais les auteurs ne sont pas tout à fait d'accord sur la portée à donner au renversement de la preuve :

1° Le maître étant tenu, dit M. Labbé « de prendre toutes les mesures propres à sauvegarder l'ouvrier du danger inhérent au travail accompli sous sa direction et avec ses engins, l'ouvrier

doit établir que le dommage dérive d'une substance ou d'une machine procurée par le maître.
Cette preuve faite, il a justifié sa prétention à une
indemnité. Au maître à démontrer que l'engin
était de bonne qualité, bien approprié au travail,
que la machine était irréprochablement construite
et en bon état d'entretien, que l'aménagement
extérieur du travail était sagement combiné. »
Ainsi le patron n'est pas tenu de démontrer qu'il
y a eu faute de l'ouvrier ; étant tenu seulement
d'apporter toutes diligences à la sécurité de celui-
ci, il n'a qu'à justifier de l'accomplissement de
cette obligation. Le droit à indemnité existe tant
qu'il ne l'a pas fait, il est présumé en faute, mais
cette présomption tombe dès qu'il a établi que
l'inexécution de son obligation ne peut lui être
imputé (art. 1146, 1315 § 2. C. c.). Ceci fait, il n'a
pas à démontrer la faute de l'ouvrier, autrement
il faudrait mettre à sa charge tous les cas fortuits.

Le renversement de la preuve ainsi entendu a
pour but de sauvegarder les droits de l'ouvrier,
d'en assurer l'efficacité, mais non de modifier,
d'augmenter la responsabilité du patron. La victime d'accident jouera désormais dans le procès
qui s'engagera, le rôle de défendeur, elle n'aura
pas à rechercher tous les éléments de preuve et
par là, sa situation se trouvera sensiblement amé-
liorée.

M. Sauzet fait ressortir d'autres avantages dans
son étude « sur la responsabilité des patrons vis-
à-vis des ouvriers, dans les accidents industriels.
(Revue critique 1883) :

Devant cette nécessité pour le chef d'industrie

de démontrer que la demande est sans fondement, il aura soin de se réserver des moyens de preuve à faire valoir au tribunal, et le meilleur de ces moyens sera sans contredit, de pouvoir justifier qu'il a veillé constamment au bon entretien de ses machines, à l'installation des nombreuses et nouvelles mesures préventives d'accident, qu'il a en un mot pris toutes les mesures d'hygiène et de sécurité qui s'imposent dans l'industrie. Stimulé par son propre intérêt, il travaillera ainsi indirectement d'une façon active à la solution de la question de la prévention des accidents.

Enfin l'ouvrier, dans les contestations sur l'indemnité, sera plus souvent l'adversaire direct de son patron et non plus des Compagnies d'assurances. Celles-ci, en effet, n'accepteront d'être subrogées aux entrepreneurs obligés désormais de faire la preuve d'absence de faute de leur part, qu'autant qu'une prime d'assurance plus élevée sera payée. Mais beaucoup d'entrepreneurs reculeront devant ce supplément de prime et préfèreront courir les chances de procès plutôt que de consentir à une subrogation trop onéreuse; en conséquence les procès cesseront de s'éterniser devant toutes les juridictions et les transactions auront plus de chances d'aboutir, pour le plus grand avantage de chacune des parties.

2° Nous venons de voir qu'il suffisait au patron, pour être exonéré de toute réparation en matière d'accidents, de démontrer qu'il avait pris toutes les mesures de sécurité possibles. D'autres auteurs, parmi lesquels MM. Glasson, Cotelle, Planiol, tout en partant du principe de la faute contrac-

tuelle, aboutissent à une conséquence différente
en matière de preuve. L'obligation du chef d'entreprise est contractuelle, découle du contrat de
louage de services : il est nécessaire de se rattacher à cette idée pour mettre à la charge de l'entrepreneur la *culpa in omittendo*, car l'article 1382
C. c. ne vise que la *culpa in committendo* et c'est
tout à fait arbitrairement que la jurisprudence
étend à une simple négligence, à une abstention
préjudiciable, un texte qui vise l'accomplissement
d'un acte positif. La doctrine de la faute contractuelle implique donc pour le patron, l'obligation
d'indemniser son ouvrier pour le cas où, lui,
patron, commettrait une faute : il est nécessaire,
sous peine de dommages-intérêts, que l'entrepreneur prenne en mains la sauvegarde de ses ouvriers
(art. 1135), et en cas d'inexécution, ces dommages-intérêts sont dus non en vertu de l'art. 1382,
mais en vertu d'une faute contractuelle, *in omittendo* ou *in committendo*.

Un accident survient, un ouvrier est blessé ; il
ne s'ensuit pas forcément que le patron n'a pas
rempli son obligation, qu'il a commis une faute.
A qui dès lors incombe la charge de cette preuve ?
On ne voit pas pourquoi elle resterait à la charge
du patron, puisqu'on ne connaît pas encore la
cause de l'accident, qu'on peut attribuer pour le
moment à un cas fortuit ou à une faute de l'ouvrier
aussi bien qu'à une faute du maître. Dans cette
alternative la preuve doit être faite par celui qui
réclame, c'est-à-dire par l'ouvrier qui doit d'abord
prouver comme précédemment que « le dommage
dérive d'une substance ou d'une machine procu-

rée par le maître » (Labbé) et ensuite établir que l'accident résulte d'une faute de l'entrepreneur qui à failli à l'obligation imposée par le contrat.

Ce système est appuyé par un arrêt de la Cour de cassation de Belgique, en date du 8 janvier 1886 : « Attendu que le maître ne manque à son obligation que lorsque, par sa faute, un accident arrive à son ouvrier, que dès lors l'arrêt attaqué devait, selon les articles 1315 § 1 et 1147 C. c., imposer à celui qui imputait à son contractant de n'avoir pas exécuté le contrat, le devoir d'en fournir la preuve... » (S. 86. 4. 31).

Cette manière de voir diffère peu, quant à ses conséquences, de celle qui est adoptée par les partisans de la responsabilité délictuelle. En effet, l'ouvrier victime doit prouver une faute : ici il prouve cette faute en s'appuyant sur un délit ou quasi délit imputable au chef d'industrie (art. 1382 C. c.) ; là, il prouve la faute en s'appuyant sur le contrat de louage de services ; au point de vue pratique, il n'y a pas de différence.

Telles sont les difficultés que soulèvent en matière d'accidents, sur la question de preuve, les partisans de la faute contractuelle et de la faute délictuelle. D'autres auteurs ont encore cherché une solution favorable à l'ouvrier par les deux moyens suivants.

1° Quelques-uns, sans faire dépendre de la faute contractuelle le renversement de la preuve, aboutissent au même résultat en établissant une présomption de faute contre l'employeur qui serait obligé, pour échapper à une condamnation, de faire la preuve du cas fortuit ou de la faute de l'employé. A l'appui de ce système, on dit qu'il existe dans le code d'autres présomptions moins équitables, par exemple celle de l'article 1784, a propos du voiturier, mais il ne semble pas qu'on puisse, au nom de l'équité, créer, même à fortiori, des présomptions qu'aucun texte n'autorise.

Ce système est d'ailleurs condamné par des textes qui, exceptionnellement, viennent créer cette présomption, en confirmant ainsi la règle. Les principaux cas d'application se trouvent dans les lois des 2 novembre 1892 sur le travail des enfants, des filles mineures et des femmes dans les établissements industriels, et 12 juin 1893, sur l'hygiène et la sécurité du travail dans les dits établissements.

D'une façon générale, la présomption de faute existe toutes les fois qu'il y a contravention à un texte de loi ouà un règlement. (Cass. 5 juillet 1843, D. 43. 1. 409. — 7 janvier 1852, D. 52. 1. 19. — Metz, 23 février 1870, D. 70. 2. 166).

2° D'autres enfin prétendent pouvoir dispenser l'ouvrier d'une preuve à fournir, en se basant sur les art. 1384, § 1er in fine et 1385 C. c., ainsi conçus :

Art. 1384, § 1er : On est responsable non seulement du dommage que l'on cause par son propre fait, mais encore de celui qui est causé par le fait des personnes dont on doit répondre *ou des choses que l'on a sous sa garde.*

Art. 1385 : Le propriétaire d'un animal ou celui qui s'en sert, pendant qu'il est à son usage, est responsable du dommage que l'animal a causé, soit que l'animal fût sous sa garde, soit qu'il se fût égaré ou échappé.

Le fondement de la responsabilité, dans cet article 1385, ce n'est pas, comme dans les articles 1382 et 1383, l'existence d'une faute ; la responsabilité repose sur cette idée qu'il est nécessaire, pour celui qui emploie un animal, de mettre les tiers à l'abri du dommage que cet animal peut occasionner. On ne peut tirer des services d'un animal dangereux ou susceptible de nuire qu'en respectant et garantissant l'intégrité des droits d'autrui, et si l'on n'y peut parvenir, on est tenu d'indemniser celui qui a été lésé. — Par des motifs analogues la portée de cet article doit s'étendre aux objets employés (art. 1384 § 1er *in fine*) : On ne doit pouvoir tirer des services d'une chose dangereuse ou susceptible de nuire qu'en respectant les droits des tiers menacés.

Le principe admis, il n'est point nécessaire qu'il y ait faute commise et réparation est due dès lors que le fait matériel préjudiciable est arrivé.

En conséquence, un ouvrier victime d'accident, blessé par suite de l'explosion d'une machine ou bien par l'action de tout autre objet servant à l'exploitation industrielle, n'aurait, pour établir la responsabilité du patron et justifier son droit à indemnité, qu'à prouver le fait matériel de ses blessures, sans que le maître puisse démontrer qu'il a été dans l'impossibilité absolue d'empêcher le dommage puisqu'il est responsable malgré son absence de faute par le seul fait d'avoir employé l'objet qui a occasionné le préjudice.

Et, dit-on, ce qui prouve bien que l'existence d'une faute n'est pas nécessaire, c'est que dans l'art. 1384 C. c., alinéa final, la loi affranchit de leur responsabilité certaines personnes. (père, mère, instituteurs et artisans) qui établissent qu'elles n'ont pu empêcher le fait dommageable, c'est-à-dire qu'elles sont exemptes de faute, tandis que cette réserve n'est pas accordée aux maîtres à l'égard des personnes qu'ils emploient parce qu'il n'est pas nécessaire ici qu'ils aient commis une faute, pour être responsables. Il en est de même à l'égard des choses dont ils tirent service. L'on justifie ceci en disant que le maître emploie *librement, à ses risques et périls,* telle personne ou tel objet, que par là sa responsabilité doit être plus étendue que celle des parents ou instituteurs, astreints *nécessairement* à la garde de leurs enfants ou élèves et celle des artisans assimilés aux précédents dans la crainte de les voir refuser de prendre des apprentis.

Ainsi donc les maîtres et commettants devraient indemniser les victimes d'accidents même en l'absence de faute reprochable aux patrons, de sorte que l'ouvrier pour justifier de son droit, n'aurait à faire aucune preuve de faute, mais établirait simplement la matérialité de ses blessures et leur cause dans un objet servant à l'exploitation.

Mais la jurisprudence a rejeté cette interprétation des articles 1384 § 1er et 1385 : elle les rattache aux articles 1382 et 1383 qui les expliquent et complètent en ce sens qu'une faute initiale doit être imputable au propriétaire ou à celui qui

s'est servi d'une chose ou d'un animal. (Orléans,
20 décembre 1888, S. 90. 2. 14. — Cass. 19 juillet
1870, S. 71. 1. 9. — Cour de cassation de Belgique,
28 mars 1889, S. 90. 4. 17). Ce dernier arrêt décide,
par application des principes consacrés par la
jurisprudence, que le propriétaire d'une chose
inanimée mise par lui à la disposition d'un ouvrier,
n'est responsable du dommage causé par le fait
de cette chose, qu'autant que la personne lésée
fait contre lui la preuve nette et précise de quelque défaut déterminé de prévoyance ou de précautions.

§ 3. *De l'indemnité accordée à l'ouvrier*

L'indemnité comprendra toute la somme nécessaire à la réparation complète du préjudice
éprouvé : On remboursera d'abord à l'ouvrier les
frais de la maladie occasionnée par l'accident puis
on appréciera la somme à lui allouer, selon le
temps qu'il aura été arrêté dans son travail, selon aussi les suites de l'accident relativement aux incapacités partielles ou totales de
travail qu'il peut entraîner ; on examinera toutes
circonstances susceptibles de modifier le quantum
de l'indemnité ; on recherchera s'il n'y a pas à
reprocher à l'ouvrier quelque faute à côté de la
faute du patron, si la prédisposition à certaines
maladies a prolongé ou aggravé les suites de l'accident ; en un mot le tribunal fixera aussi équitablement que possible le préjudice éprouvé, question de fait échappant à la censure de la Cour
suprême. Mais dans quel cas celle-ci pourra-t-elle

exercer son autorité ? Une note dans S. 1886. 1. 168. sous un arrêt de cassation du 14 avril 1885 nous montre nettement, en matière de faute, cette délimitation du domaine du juge de fait et du juge de droit : « Les juges du fonds doivent constater, indépendamment de l'imprudence de l'ouvrier, l'existence ou l'absence d'un fait imputable au maître pour déterminer si sa responsabilité se trouve ou non engagée par l'accident. Ils constatent souverainement cette existence ou cette absence ; ils décident souverainement aussi que le fait imputable au maître a été ou non la cause du préjudice souffert par l'ouvrier. Mais le point de savoir si ce fait, retenu à la charge du défendeur, présente le caractère juridique de la faute prévue par les articles 1382 et suivants du Code civil, soulève une question de droit dont la solution peut être censurée par la Cour de cassation. » La faute suppose nécessairement la violation d'un droit : si l'on agit selon son droit, quelles qu'en soient les conséquences, il n'y a point faute et il n'y a lieu à aucun recours. Le juge dans son appréciation du fait sur lequel on se base pour réclamer une indemnité, estime donc si l'on a agi selon son droit, et c'est ici qu'apparaît le contrôle de la Cour de cassation. — (Cass. 15 avril 1873, D. 73. 1. 262. — 7 janvier 1878, D. 78. 1. 297. 22 octobre 1890, D. 92. 1. 342).

L'indemnité allouée pourrait-elle être inférieure ou dépasser le montant du préjudice ?

La Cour d'Aix par un arrêt du 14 juin 1870 (D. 72. 2. 97) décide que quelle que soit la situation pécuniaire du patron, l'indemnité doit, conformément à l'article 1382, être la représentation exacte du préjudice causé et que, par conséquent, il ne peut y avoir, dans la fixation des dommages-intérêts, aucune prise en considération de la situation précaire du patron.

Mais la Cour de Nancy, par deux arrêts, l'un du 29 novembre 1874, l'autre du 9 décembre 1876 (S. 79. 2. 228), déclare que l'indemnité pourrait être supérieure au montant du préjudice éprouvé, si la situation pécuniaire du paton le permettait, « qu'il semble aussi rationnel que juridique de proportionner la réparation non seulement à l'importance du préjudice, mais encore aux ressources connues de celui qui l'a causé ; que la condamnation à des dommages-intérêts constitue une sorte de peine, et qu'elle perdrait ce caractère utile si, par son chiffre trop minime et eu égard à la fortune du condamné, elle devenait illusoire et passait pour ainsi dire sans l'atteindre, sur celui qu'elle doit au moins avertir ; que l'idée de proportionnalité entre l'obligation et la possibilité de payer une dette se trouve écrite dans l'article 208 C. c., et que, plus d'une fois, les tribunaux s'en sont inspirés. »

Mais cette décision semble contraire au texte même de l'article 1382 : tout fait quelconque de l'homme qui cause à autrui un dommage oblige celui par la faute duquel il est arrivé, à le réparer. Il n'est question que d'une réparation égale au préjudice, non d'une indemnité supérieure au préjudice, et s'il est vrai, comme le dit la Cour de Nancy, qu'il faille voir dans l'article 1382 une sorte de peine, il faut se garder d'en étendre la portée (*penalia non sunt extendenda*). Quant à l'article 208 C. c. qui accorde à certaines personnes des aliments, dans la proportion des besoins de celui qui les réclame et de la fortune de celui qui les doit, il semble tout à fait inapplicable à notre matière, étant placé au Code civil au milieu des droits de famille. D'ailleurs, si on appliquait ce texte, il faudrait en faire autant des articles 209 et 210 en vertu desquels la dette d'aliments varie selon les besoins du créancier et la fortune du débiteur, de sorte que, si la victime d'accident avait une fortune suffisante pour ses besoins personnels, elle n'aurait droit à aucune indemnité.

L'aggravation de l'état de la victime pourrait-elle donner lieu à un supplément d'indemnité ?

Si le jugement sur l'affaire n'était pas encore rendu, on pourrait remettre au tribunal de nouvelles conclusions en ce sens. Si l'aggravation était postérieure à la prononciation du jugement, la jurisprudence admet sans hésiter qu'un nouveau recours pourra être exercé, sans violation du principe de la chose jugée, car il s'agit ici de faits nouveaux sur lesquels le tribunal n'a pas encore été appelé à statuer.

En serait-il de même si une transaction était intervenue entre patron et ouvrier au sujet du règlement d'indemnité ? Il faudra voir le caractère et les termes de la transaction. Lorsqu'il est intervenu une sorte de forfait pour indemniser l'ouvrier de toutes les conséquences de l'accident quelles qu'elles puissent être, le patron se dégageant désormais de toute responsabilité, évidemment aucun recours ultérieur ne sera possible. Lorsqu'au contraire les parties ont simplement réglé le montant de l'indemnité, comme l'eût fait un jugement et pour éviter ce jugement, il semble bien que la victime ne soit pas irrévocablement liée par son contrat.

Si l'indemnité ne pouvait être fixée immédiatement, le tribunal pourrait par un jugement interlocutoire accorder une indemnité provisionnelle.

Le juge peut ordonner le versement d'un capital ou la constitution d'un rente viagère, et dans ce cas, il prescrira les mesures nécessaires pour sauvegarder les droits de la victime : obligation hypothécaire, achat de rente sur l'Etat.

Les dommages-intérêts fixés et payés, sont définitivement acquis, et la Cour de Nancy, par un arrêt du 10 juillet 1875 (D. 76. 2. 63), a jugé que l'auteur d'un accident, condamné à payer une rente viagère à la victime, ne peut demander à en être déchargé en prouvant la complète guérison. On ne peut en effet revenir sur la chose jugée, et il en devrait être ainsi alors même que le tribunal aurait condamné par erreur en se fondant sur un rapport médico-légal déclarant la blessure incurable. L'action ne serait recevable, ajoute la Cour, que dans le cas où le tribunal aurait décidé que la rente serait servie seulement pendant la guérison, et se serait ainsi réservé, le cas échéant, un droit de révision ou de rétractation.

Il a été décidé que les indemnités avaient un caractère alimentaire en ce sens qu'elles seraient insaisissables pour les créanciers de l'ouvrier ayant un titre antérieur au jugement de condamnation du patron envers la victime. (Colmar, 29 avril 1863, D. 63. 5. 333. — Paris, 16 janvier 1883, D. 85. 2. 33) Cette solution semble condamnée par la loi du 11 juillet 1868, portant création de caisses d'assurance en cas de décès et en cas d'accidents résultant de travaux agricoles et industriels: dans cette loi, il est dit que les pensions à verser seront incessibles et insaisissables, et ce texte paraît déroger au droit commun de cessibilité et saisissabilité qui doit rester la règle sur tous les points non prévus spécialement.

§ 4. *De la prescription de l'action en indemnité.*

L'action publique, en matière d'accident se prescrirait, selon le droit commun, par 3 ans pour les délits et par 10 ans pour les crimes.

L'action civile est régie, quant aux délais de prescription, par les mêmes règles que l'action publique lorsqu'elle a pour base un fait délictueux prévu et puni par le code pénal : la règle est la même quelle que soit la juridiction saisie en premier lieu. Mais elle ne se prescrira que par 30 ans, lorsqu'elle sera basée sur un simple préjudice causé en dehors de tout délit puni par le Code pénal.

Telles sont, brièvement, les règles consacrées par la jurisprudence. M. Chesnay, dans une étude sur « l'action civile et la prescription de cette action » (*Revue critique 1893*), nous montre comment la substitution de la faute contractuelle à la faute délictuelle pourrait exercer une certaine influence sur la prescription de l'action civile ; Supposons une action en réparation intentée directement devant le tribunal civil et basée sur un fait délictueux. Selon la jurisprudence, il n'y a pas de recours possible après 3 ans ou 10 ans, car il s'agit de démontrer l'existence d'un délit, et après ces délais, celui auquel on le reproche pourrait ne plus avoir en mains les preuves de son innocence ou les éléments de sa défense. Mais si nous admettons la responsabilité contractuelle du patron, basée sur le contrat de louage, qu'importe que nous exerçions notre action après 3 ou 10 ans, puisque nous pourrons ne pas nous baser sur le délit pour justifier notre droit à des dommages-intérêts, mais sur un simple manquement de la part du patron à ses obligations contractuelles ; nous exerçons là un recours purement civil, nous ne cherchons plus à établir un délit, mais nous prouvons une faute contractuelle qui nous est préjudiciable et que nous pouvons à bon droit invoquer pendant 30 ans.

Les règles d'interruption de la prescription de l'action en indemnité sont celles du droit commun et nous n'avons pas à nous en occuper Nous dirons un mot seulement de la reconnaissance de la dette, à propos de l'hypothèse suivante qui est de nature à se présenter assez fréquemment dans la pratique : souvent, à la suite d'un accident, le patron suivant une généreuse inspiration, donne à son ouvrier blessé des secours de charité. Celui-ci pourrait-il, à cette occasion, venir déclarer qu'il y a eu une reconnaissance

tacite de la faute, reconnaissance interruptive de
la prescription de son action en responsabilité
qu'il aurait exercée tardivement? La Cour de
cassation par un arrêt du 26 novembre 1877, admet
la négative. Cette solution tout à fait équitable, est,
de plus, favorable à l'ouvrier qui ne se trouvera
pas, de la sorte, abandonné à lui-même. La cour
de Dijon, par un arrêt du 3 avril 1868, avait déjà
statué dans ce sens : « A supposer, dit cet arrêt,
que l'ouvrier ait reçu des secours indépendamment de l'association mutuelle dont il faisait partie, on ne saurait y voir une reconnaissance du
droit de cet ouvrier, mais un acte de bienfaisance
fort naturel, et ce serait arrêter les louables élans
de la charité que de leur donner une portée qu'ils
n'ont pas par eux-mêmes. »

CHAPITRE IV

**Notions de droit comparé sur la responsabilité
civile du patron**

Examinons d'abord la part qui est faite, en
jurisprudence, aux deux principes de la responsabilité délictuelle et de la responsabilité contractuelle :

La jurisprudence française, ainsi que nous
l'avons déjà constaté, est restée ferme dans le
maintien de la responsabilité délictuelle. De nombreux jugements et arrêts consacrent et confir-
ment le principe. Citons à titre d'exemple quelques
motifs donnés par la Cour de Bordeaux, dans un
arrêt du 9 novembre 1892, en faveur du système
de la faute délictuelle : « Attendu que la veuve C...
déclare baser sa demande... sur la violation du
contrat de louage d'industrie consenti par le sieur
C... Attendu que l'appelante entend se prévaloir
du traité tacite qui lie la Cie du Midi à ses divers
agents ; qu'elle explique qu'il est de l'essence
même de ces sortes de pactes d'obliger le patron
à garantir ses ouvriers contre les dangers multiples qu'ils peuvent courir dans l'exercice de leur
travail. Attendu qu'une pareille prétention ne sau-

rait être accueillie. Qu'il est sans doute permis au juge de rechercher, dans le silence de la convention quelle a pu être la commune intention des parties, mais qu'il ne saurait, sans abuser de son pouvoir d'interprétation, consacrer à l'aide d'usages au moins douteux ou de données incertaines, l'existence d'une clause astreignant le loueur à une garantie autre que celle du droit commun. Attendu que ce système juridique — le patron débiteur contractuel de la sécurité de l'ouvrier — ne saurait davantage s'appuyer sur le texte de la loi ; que si le titre du Code civil, relatif au louage d'industrie, détermine la nature de ce contrat, ses modalités, sa durée, il ne parle nulle part d'une garantie spéciale attachée à son fonctionnement, pouvant paralyser les dispositions de l'article 1382 ou fonctionner parallèlement avec elles ; que l'on peut regretter que nos codes ne contiennent pas un ensemble de règles plus en harmonie avec les exigences de notre développement industriel, prescrivant les rapports du patron et de l'ouvrier et spécifiant leurs obligations réciproques en cas d'accidents ; mais que c'est là une lacune qui appelle l'œuvre des pouvoirs publics et à laquelle les magistrats ne sauraient suppléer sans sortir de leurs attributions et tomber dans l'arbitraire. »

Mais des tribunaux étrangers, devant la fréquence des accidents industriels, dans le but louable de venir en aide à l'ouvrier, se sont ralliés au système de la faute contractuelle avec renversement de la preuve :

La Cour suprême de justice du Luxembourg, dans un arrêt du 27 novembre 1884 s'exprime

ainsi : « Attendu que le contrat de louage ne consiste pas seulement dans ce qui y est formellement
exprimé, mais aussi dans ce qu'il implique vir-
tuellement à raison de la nature du contrat et de
la position et qualité respectives des contractants,
qu'ainsi le contrat entre le patron et l'ouvrier
oblige celui-ci non seulement au paiement du salaire promis, mais encore à veiller à la sécurité de
l'ouvrier et à le protéger contre les conséquences
des dangers inhérents à son travail. Attendu qu'il
s'en suit que le patron industriel devient débiteur
contractuel de la sécurité de l'ouvrier qu'il doit
garantir des conséquences du danger dans lequel
il l'a volontairement placé ; et qu'en vertu des
articles 1315, 1147, 1148 et 1302 C. c., il ne peut
être libéré de cette obligation que par la faute de
l'ouvrier ou par évènement de force majeure. »
(S. 85. 4. 29.)

En Belgique, un jugement du tribunal de commerce de Bruxelles, en date du 28 avril 1885,
statue dans le même sens : « Attendu que l'action
en responsabilité dirigée par un ouvrier contre
son patron à raison d'un accident du travail, n'est
pas fondée sur les articles 1382 et 1383 du Code
civil, lesquels règlent les conséquences d'un fait
dommageable entre personnes que n'unit aucun
lien contractuel ; mais que cette action prend sa
source dans la convention de louage de services
qui lie les parties ; que le maître doit non seulement prester son salaire à l'ouvrier, mais aussi,
en vertu des principes généraux du droit, garantir
sa sécurité, et, à moins de cas fortuit, lui remettre

à l'expiration du contrat sa personne indemne de tout accident. » (S. 85. 4. 31).

Et la Cour de cassation de Belgique dans un arrêt du 8 janvier 1886 s'exprimait ainsi : « Attendu qu'aucune disposition de loi ne définit ni en précise la garantie que peut devoir le maître à l'ouvrier quant à de semblables dangers ; que le contrat de louage reste donc, à cet égard soumis aux règles générales des articles 1135 et 1136 du Code civil. » (S. 86. 4. 31.)

Cependant la même Cour, par un arrêt du 28 mars 1889, semble faire un pas en arrière et revient en partie à l'article 1382 qu'elle combine avec l'article 1135. Elle déclare que lorsqu'il est intervenu entre deux personnes un contrat obligeant l'une d'elles à la prestation de certains soins et de certaines diligences, l'inexécution de l'engagement peut donner lieu à une double action, soit celle qui dérive du contrat, soit celle qui dérive des articles 1382 et suivants, et qu'en matière d'accident, le jugement qui statue sur la responsabilité du patron peut, à raison de tous les faits culpeux, baser sa décision sur les règles relatives aux engagements qui se forment sans convention. — Il ressort de là que, par cela seul qu'il y a eu contrat de louage de services, on n'a pas pu faire disparaître, éliminer les obligations générales qui régisent les rapports entre les hommes, obligations que sanctionnent les articles 1382 et suivants. Les dispositions de ces articles, et celles qui concernent les obligations contractuelles ne se séparent pas, et en cas de faute, la personne lésée pourra avoir une

action basée à la fois sur l'article 1382 et sur le
contrat. C'était là, dit la cour, la solution donnée
en droit romain, loi 30 § 3 Dig. Ad leg. aquiliam.
IX. 2. (1). *Le damnum injuria datum* qui prend
naissance dans l'inexécution d'un contrat, peut
donner lieu à un recours en vertu de la loi
Aquilia et en vertu de l'inexécution même de ce
contrat. Et en supposant que l'on invoque le contrat
pour faire sa réclamation en dommages et inté-
rets, l'on ne sera pas quitte en prouvant seulement
l'existence de ce contrat ; la cour en effet déclare
« qu'il n'est pas en la puissance du patron de
préserver ses ouvriers des dangers inhérents à
leur métier, et que, par conséquent, le maître n'est
pas tenu à priori des résultats accidentels du travail ordonné par lui..... que la garantie n'est donc
pas de l'essence du contrat de louage et qu'elle
n'en est pas la même conséquence naturelle et
normale. » La victime de l'accident doit donc
fournir une preuve de faute imputable au patron,
et ce n'est pas à celui-ci de prouver sa libération
à la suite d'une présomption de faute établie contre lui. (S. 90. 4. 17.)

M. Labbé dans une note sous cet arrêt, regrette
ce retour partiel vers la jurisprudence antérieure :
il critique surtout cette faculté accordée au nom

---

(1) In hac quoque actione quæ in hoc capitulo oritur, dolus et
culpa punitur. Ideo si quis in stipulam suam, vel spinam combu-
rendæ ejus causa, ignem immiserit, et ulterius evagatus et
progressus ignis alienam segetem vel vineam læserit, requi-
ramus num imperitia ejus aut negligentia id accidit : nam si die
ventoso id fecit, culpæ reus est. Nam et qui occasionem præstat,
damnum fecisse videtur. In eodem crimine est, et qui non obser-
vabit ne ignis longius procederet. At si omnia quæ oportuit
observavit, vel subita vis venti longius ignem produxit, caret culpa.

du droit romain, de pouvoir exercer soit l'action du contrat, soit l'action aquilienne ; il y a là une véritable erreur, une fausse interprétation de la loi romaine. Le demandeur ne pouvait choisir entre les deux actions, en droit romain, que lorsque la faute avait les caractères du *damnum injuria datum*, c'est-à-dire lorsqu'il y avait non une omission, une inexécution, mais un acte positif préjudiciable. Il n'était pas accordé de choix dans le cas où il existait entre les parties un contrat obligeant l'une d'elles à apporter certains soins, certaines diligences non prescrits par le droit commun, et l'action contractuelle pouvait seule être exercée. La faute dans l'exécution d'un acte donnait ouverture à l'action de la loi Aquilia ; la faute par omission, à l'action née du contrat.

Quant à la loi 30 § 3 au Digeste, IX, 2, que la Cour invoque à l'appui de son système, elle est tout à fait étrangère à cette question du choix des actions, et elle ne vise que la faute aquilienne.

Il nous reste à examiner rapidement quels sont les principes consacrés par les différentes législatures, relativement à la responsabilité civile des patrons envers leurs ouvriers. On peut grouper les états en trois catégories :

1° Un premier groupe fait une application pure et simple des règles du droit romain en matière de faute. Le chef d'industrie répond seulement de sa propre faute dont l'ouvrier doit faire la preuve ; il ne peut être recherché pour une faute commise par ses préposés, à moins qu'il ne soit coupable de négligence dans le choix de ceux-ci, ce qui doit également être prouvé.

Ce groupe comprend : le Danemark (1), la Hongrie, la Suède, la Russie, l'Espagne et les Etats-Unis.

2° D'autres pays rendent l'entrepreneur responsable de la faute de ses préposés, tout en consacrant les règles ci-dessus. Ce sont la France, la Hollande, l'Italie, la Belgique.

3° Enfin, d'autres législations ont abouti à un régime spécial nouveau, en substituant à la responsabilité de droit commun, une solution basée sur un principe d'ordre social dont nous aborderons plus loin la discussion.

Ce sont les législations anglaise, norvégienne, allemande et autrichienne.

---

1) Une loi récente vient de remanier sur des principes nouveaux la législation danoise. Voir 3° partie de notre thèse.

APPENDICE

Discussion sur la nécessité d'une réforme tendant, en France, au renversement de la preuve et propositions de loi en ce sens

Devant les dissidences entre la doctrine et la jurisprudence et dans la doctrine même, au sujet de la faute contractuelle ou délictuelle, on a réclamé avec instance l'intervention du pouvoir législatif pour trancher la question. La Cour de Bordeaux, dans un arrêt précité du 9 novembre 1892, constatait formellement dans nos lois l'absence de règles en harmonie avec notre développement industriel. Le nombre des accidents augmente considérablement avec le développement de l'outillage mécanique : aujourd'hui l'ouvrier expose sans cesse sa santé, sa force, sa vie, et lorsqu'il est victime d'un accident, il se trouve souvent dans l'impossibilité de relever contre le chef d'industrie une faute qui lui soit imputable et il se voit refuser toute indemnité. Comment, en effet, à la suite d'un sinistre arrivé subitement, l'ouvrier surpris et blessé aura-t-il pu constater une faute, une imprudence, une négligence justificative de son recours et qu'il lui faut faire reconnaître par le tribunal conformément à l'article 1382? Il y a là une situation que le législateur du Code n'a point prévue, qu'il ne pouvait d'ailleurs prévoir et que les pouvoirs publics doivent aujourd'hui réglementer.

L'on demande à cet effet une modification ou plutôt une adjonction à l'article 1382 C. c. La responsabilité serait toujours délictuelle, mais on ne tirerait plus toutes les conséquences de la faute délictuelle : une présomption de faute serait désormais établie contre le patron, sauf la preuve contraire réservée à celui-ci. Ce serait la responsabilité délictuelle avec renversement de la preuve, par dérogation au droit commun.

M. Sauzet conteste que l'ouvrier se trouve dans une situation nouvelle non prévue par le Code. Autrefois comme aujourd'hui, il y avait des industries dangereuses, celles des mines et carrières, par exemple. Elles étaient moins nombreuses qu'aujourd'hui, il est vrai, mais elles existaient cependant et on ne peut guère soutenir que le législateur ne les ait pas prévues. Qu'importe, dira-t-on, si la nécessité d'une réforme se fait sentir ? Mais on répond qu'une loi nouvelle n'est pas indispensable, que les principes généraux du droit suffisent et peuvent se plier aux situations créées par le développement de l'industrie. Si on veut admettre que le patron est tenu envers son ouvrier *ex contractu* en cas d'accident, en vertu du contrat de louage de services, ce sera à celui-là de prouver qu'aucune faute ne lui est imputable art. 1147. C. c. Aucun des inconvénients relevés contre le système de la jurisprudence ne se pré-

sente plus, et on peut se passer de réforme législative. La responsabilité du patron étant contractuelle, si une loi nouvelle intervenait, elle ne serait
que la confirmation du droit commun, et, en tout
cas, on devrait procéder par adjonction non à
l'article 1382 C. c., qui vise la responsabilité délictuelle, mais aux textes qui régissent le louage
d'ouvrage. On établirait ainsi expressément la
responsabilité contractuelle du patron, avec présomption expresse de faute contre lui, le tout
conformément au droit commun.

M. Labbé s'oppose à toute intervention législative et résout la question par l'adoption pure et
simple que ferait la jurisprudence du système de
la faute contractuelle, avec toutes ses conséquences. C'est que, dit-il « la question de la responsabilité des entrepreneurs envers leurs ouvriers,
victimes d'accidents industriels, agitée sur le terrain des réformes législatives, les motifs de décider sont de diverses natures. La politique apporte
ses considérations qui priment celles de la pure
équité. Les ouvriers sont par leur nombre une
force que tel ou tel parti veut s'attacher et les déro-
gations au droit commun ne coûtent rien pour
cela. »

Mais cet avis n'a pas été suivi et bien des projets de lois, à tendances diverses, ont été déposés
à l'effet d'apporter une solution à cette question
de la responsabilité en matière d'accidents. Nous
allons examiner ceux qui, sans modifier l'é-
tendue de la responsabilité telle que nous l'a-
vons étudiée, s'occupent seulement du dépla-
cement de la preuve. Les autres projets, qui modi-

fient l'étendue de la responsabilité, trouveront place dans une autre partie de notre étude.

Le 20 mars 1880, M. Nadaud constatant l'insuffisance des règles du Code civil et la presque impossibilité pour l'ouvrier à faire la preuve de la faute imputable au patron, avait déposé à la Chambre des députés un projet de loi ajoutant à l'article 1780 C. c. un paragraphe ainsi conçu : « Quiconque emploie les services d'autrui est tenu de la garantie contre les accidents résultant du travail, à moins que l'employeur ne prouve que les accidents sont dus à la faute de la victime. » Cet article très général mettait à la charge du patron les conséquences des accidents survenus par cas fortuit, puisque l'entrepreneur devait prouver une faute de l'ouvrier, et en cela il étendait la mesure de responsabilité et consacrait en partie le principe du risque professionnel.

A la suite de cette proposition de loi, M. Remoiville proposa un amendement tendant à exonérer l'entrepreneur des cas fortuits, et conformément à cet amendement, la commission parlementaire adopta le texte suivant, en procédant toutefois par addition non à l'article 1780, mais à l'article 1384 C. c. : « Le patron est présumé responsable des accidents survenus dans le travail à ses ouvriers ou préposés ; mais cette présomption cesse lorsque le patron fournit la preuve, ou bien que l'accident est arrivé par force majeure ou cas fortuit qui ne peuvent être imputés ni à lui, ni aux personnes dont il doit répondre, ou bien que l'accident a pour cause la propre imprudence de la victime. »

Ce projet de la commission de réforme a été critiqué par les parttsans du risque professionnel qui a pour but d'étendre la responsabilité du chef d'industrie. On viole inutilement le droit commun, disait-on, et MM. Peulevey et Félix Faure déposèrent aussitôt deux contre-projets tendant à l'adoption du risque professionnel. Nous avons vu précédemment que le renversement de la preuve ne violait pas le droit commun si l'on admettait le principe de la faute contractuelle, et nous avons montré les avantages qu'il présentait pour l'ouvrier : le projet de la commission n'était donc pas non plus inutile.

Mais qu'est-il besoin, a-t-on dit, d'une innovation qui ne change pas la condition du travailleur sur un point capital, la charge des cas fortuits ? C'est là que doivent se concentrer les efforts du législateur en vue d'une réforme. Il faut améliorer la situation de l'ouvrier, le garantir et le prémunir contre les accidents fortuits et la question de preuve n'est qu'accessoire. Ce qu'il faut changer c'est la mesure, l'étendue de la responsabilité. Ces considérations ont fait perdre de vue les projets relatifs au renversement de la preuve et les discussions dans les Chambres ont été portées sur un autre terrain, celui du risque professionnel dont nous allons aborder l'étudo.

____

DEUXIÈME PARTIE

DU RISQUE PROFESSIONNEL

____

Dans les divers projets de lois déposés devant le Parlement français on semble avoir confondu la question de preuve avec celle du risque professionnel. Pourtant les deux choses se distinguent d'une façon très nette. La question de preuve ne change rien dans l'étendue de la responsabilité du patron telle qu'elle a été établie par le Code, telle qu'elle est comprise actuellement encore par la jurisprudence : il s'agit de trouver un moyen de venir en aide à l'ouvrier dans la constatation de la faute du maître, mais aucune innovation n'est apportée sur le point de savoir s'il convient d'indemniser l'ouvrier victime d'accident survenu par cas fortuit ou même par sa faute. Cette dernière question touche à un ordre nouveau d'idées et s'écarte du droit commun de la responsabilité civile, en vertu duquel le patron ne doit d'indemnité que lorsqu'il est reprochable d'une faute.

Le projet de réforme sur le renversement de la

preuve et l'établissement d'une présomption de faute contre le patron, que la commission de la Chambre des députés a adopté à la suite de la proposition Martin Nadaud, semble avoir évité cette confusion en supprimant, dans cette proposition, la charge des cas fortuits qu'elle mettait à la charge du patron.

Les projets de lois déposés ultérieurement sous prétexte d'établir une présomption de faute contre l'industriel en mettant à sa charge le soin de la preuve, allaient en réalité plus loin, et leurs auteurs mettaient volontairement en jeu la question du risque professionnel qui abandonne le principe de la responsabilité civile et lui substitue un autre principe destiné à justifier un recours en indemnité à la suite d'un accident survenu par cas fortuit ou même par la faute de l'ouvrier.

Nous allons rechercher quel est ce principe, quel est le fondement du risque professionnel, puis nous examinerons quel est l'état actuel de cette notion du risque professionnel, faisant ressortir en même temps ses inconvénients et ses avantages.

CHAPITRE PREMIER

Définition et fondement du risque professionnel

Autrefois, lorsque le machinisme n'existait pas,
lorsque l'ouvrier exécutait le travail par ses mains,
il ne pouvait guère être question d'accidents, et
d'ailleurs, l'ouvrier eût-il été blessé, les mœurs fa-
miliales d'alors lui eussent fait trouver une large
compensation. Le patron connaissait ceux qu'il
employait, vivait avec eux et ne les abandonnait pas
lors des revers. Aujourd'hui, la plupart du temps
inconnu au chef d'industrie, employé uniquement
pour les services qu'il peut rendre, l'ouvrier n'est
plus, quand il est blessé, qu'une non valeur
qu'on transporte à l'hôpital et dont on se désin-
téresse ensuite complètement. Sans doute, dans
certains cas, il pourra exercer un recours en
indemnité, mais le plus souvent, il agira en
vain. Les statistiques démontrent, en effet, que
sur cent accidents industriels, 60 environ proviennent d'un cas fortuit ou de force majeure
ou d'une cause inconnue (la jurisprudence assi-
mile la cause inconnue au cas fortuit), 15 de la
faute du patron et 25 de la faute de l'ouvrier. En
appliquant l'article 1382, on laisse à la charge de
ce dernier les accidents qu'il a occasionnés et
ceux qui résultent d'un cas fortuit, de sorte que
les 9/10 à peu près des accidents ne donnent lieu à

aucune réparation. Dans les autres cas, la responsabilité civile du patron est engagée, à condition toutefois de fournir une preuve de la faute de ce dernier, ce qu'il est souvent difficile sinon impossible de faire.

En face de cette situation pénible qui conduit fatalement à la misère l'ouvrier blessé, incapable de travailler, et devant l'accroissement constant et considérable des accidents par suite du développement de l'outillage mécanique, il a paru nécessaire de réformer cette jurisprudence qui, bien que libérale, peut amener de graves désordres sociaux parce qu'elle ne répond pas aux nécessités actuelles. De là ce grand mouvement d'idées vers une solution démocratique, ces nombreux projets de réforme pour exonérer l'ouvrier non seulement du fardeau de la preuve (ce ne serait là qu'une bien insuffisante mesure), mais pour le soustraire à l'arbitraire du juge, aux chances incertaines d'une action judiciaire et lui accorder une indemnité quelle que soit la cause de l'accident, à moins toutefois qu'il n'aît occasionné volontairement cet accident, car alors il n'est pas digne d'intérêt, et sauf encore discussion pour le cas où il serait reprochable d'une faute lourde. A part ces points de détail, une indemnité lui serait toujours due, et il n'aurait, pour justifier son droit, qu'à établir le fait matériel du sinistre.

Telle est l'idée du risque professionnel qui met à la charge de l'industrie, de l'exploitation, le soin d'indemniser les ouvriers victimes d'accidents du travail sans qu'il y ait à rechercher à qui la cause peut en être imputée.

Il y a là une disposition nouvelle dont il ne peut
plus être question de chercher la base dans notre
Code civil, dans les textes relatifs à la responsabilité civile ; elle a été simplement suscitée par
la faveur de plus en plus grande dont jouissent
aujourd'hui les questions sociales et particulièrement les questions ouvrières, par le désir qui se
manifeste universellement d'apporter un remède
aux souffrances, aux misères des travailleurs et
de réconcilier les deux éléments en apparence
irréconciliables du travail et du capital. Le développement industriel moderne impose la notion
du risque professionnel. L'ouvrier placé en face
de nombreuses et puissantes machines ne peut
connaître et prévenir tous les dangers qu'elles
peuvent présenter; il ne peut s'en défendre car
l'accident arrive subitement sans qu'il ait rien pu
prévoir. Il se trouve sans cesse menacé, il risque
sa santé et sa vie pour son patron. N'est-ce pas
alors à celui qui expose son ouvrier, commande
l'exécution d'un travail dangereux à l'aide de
machines dangereuses et profite en dernier lieu
des bénéfices de l'exploitation, de supporter désormais les risques d'accidents ? L'on pourrait peut
être appuyer juridiquement ce raisonnement sur
l'article 1384 qui déclare qu'on est responsable du
dommage causé par les choses qu'on a sous sa
garde (nous avons exposé précédemment cette
théorie) (1), mais en supposant que cette base juridique fasse défaut ou soit déclarée inadmissible,

____

(1) Voir p. 45 et suiv.

il n'en faut pas moins se rendre à la nécessité et reconnaître qu'à une situation nouvelle crée à l'ouvrier dans l'industrie doit correspondre un droit nouveau à raison des risques encourus. C'est un principe d'équité, sinon de droit civil pur, du moins conforme aux idées sociales actuelles.

L'idée du risque professionnel a été longuement discutée, particulièrement lors des Congrès internationaux sur les accidents du travail qui se sont réunis à Paris en 1889, à Berne 1891, à Milan en 1894 et dernièrement à Bruxelles du 25 au 31 juillet 1897. La théorie de la responsabilité civile semble aujourd'hui surannée ; elle compte pourtant encore quelques chauds défenseurs entre autres M. Yves Guyot et M. Drage, membre du Parlement anglais, qui au congrès de Bruxelles se sont opposés à toute idée de transformation du droit en matière d'accidents.

Devant les Chambres françaises la question a été également soulevée depuis une vingtaine d'années sans avoir pu encore aboutir à une solution définitive (1). Il en est de même en général devant les Parlements étrangers, sauf dans certains pays comme l'Allemagne, l'Autriche, la Norvège, l'Angleterre où la question est définitivement tranchée en faveur du risque professionnel.

Mais le système du risque professionnel n'est pas sans offrir un certain nombre de difficultés dont nous allons aborder l'examen en étudiant les projets de lois soumis en France au vote successif des deux Chambres.

____

(1) Une loi a été votée tout récemment au cours de l'impression de notre thèse. (Voir 3ᵉ partie).

CHAPITRE II

Le risque professionnel devant le Parlement français

SECTION I

Travaux parlementaires

A la suite des propositions de lois déposées par
M. Martin Nadaud, les 29 mai 1880, 4 novembre 1881, 20 janvier 1882, en matière d'accidents,
d'autres textes proposés par MM. Georges Graux,
29 novembre 1881, Remoiville, 13 décembre 1881,
Alfred Girard, 10 janvier 1882, Peulevey, 14 janvier 1882, Maurel, 21 janvier 1882, Félix Faure,
11 février 1882, Henri Maret, 7 mars 1882, Peulevey, 26 novembre 1883, Rouvier, 24 mars 1885
et 20 décembre 1885, Albert de Mun, 2 février
1886, Félix Faure, 26 juin 1886, Keller, 24 mars
1887, furent soumis à l'examen d'une commission
parlementaire qui aboutit à la rédaction d'un projet adopté par la Chambre des députés, avec quelques légères modifications, le 10 juillet 1888.
(J. O. Déb. parl. 1888, p. 1841 à 2066).

Le Sénat, à qui le projet fut transmis, aboutit le 20 mai 1890 à un vote modifiant sensiblement le système adopté par la Chambre. (J. O. Annexes n° 552, p. 437. Déb. parl. p. 309 à 461).

Le 28 juin 1890, M. Jules Roche, alors ministre du commerce, en déposant à la Chambre le projet du Sénat, proposait en même temps, au nom du gouvernement une nouvelle rédaction très différente des projets votés par chacune des deux Chambres. (Doc. parl. 1890, n° 746, p. 1427).

A la suite la Chambre fut saisie d'autres propositions de MM. Granger, Gabriel et Ernest Roche, 24 janvier 1891. (Doc. parl. n° 1148, p. 306).

Ricard et Guyesse, 26 janvier 1891. (Doc. parl. n° 1151, p. 310).

Pierre Ricard, 27 janvier 1891. (Doc. parl. n° 1153, p. 312).

Dron, 2 février 1891. (Doc. parl. n° 1176, p. 346).

Le Cour, 9 mars 1891. (Doc. parl. n° 1274, p. 672).

Vian, 20 juin 1891. (Doc. parl. n° 1526, p. 1495).

Tous ces textes furent étudiés par la commission du travail qui élabora un projet sur lequel M. Ricard fit un rapport détaillé. Ce projet aboutit à un vote définitif le 10 juin 1893. (Doc. parl. n° 1926, p. 301. Déb. parl. p. 1442 à 1681.)

Le 26 juin 1893, transmission au Sénat et rapport de M. Poirrier devant cette assemblée le 3 avril 1895. (Doc. parl. 1893, n° 233, p. 488, — 1895, Sénat, Doc. parl. Annexe, n° 73, p. 263).

La discussion commencée le 10 juin 1895 se prolongea jusqu'au 24 mars 1896.

Ce nouveau projet du 24 mars 1896, essentiellement différent de celui de la Chambre fut transmis à celle-ci le 2 avril 1896, et renvoyé à la commission du travail. Le 7 juillet 1897, rapport de M. Maruejouls (Doc. parl. n° 2624, p. 1509), discussion sur le nouveau projet les 26 et 28 octobre 1897. (J. O. Déb. parl. p. 2201 à 2233.) Vote définitif le 28 octobre et modifications au texte du Sénat.

Tels sont les nombreux projets de lois successivement discutés et votés sans que jusqu'à présent aucune solution ait abouti (1). Ils consacrent tous le principe du risque professionnel, et sur ce point le Sénat et la Chambre des députés sont d'accord. Le désaccord se produit sur la portée de ce principe ainsi que nous le constaterons bientôt et surtout sur l'organisation des assurances en cas d'accident, second objet de chacun de ces projets, dont nous aborderons l'étude dans une autre partie de notre thèse.

SECTION II

De l'étendue du risque professionnel

Cas fortuits. — Tout d'abord l'ouvrier sera exonéré des risques d'accidents fortuits qu'on mettra désormais à la charge de l'entreprise industrielle. La plupart des accidents industriels proviennent d'un cas fortuit ou de force majeure,

---

(1) Voir 3ᵉ partie de notre thèse un nouveau vote du Sénat et adoption du projet par la Chambre des députés par un vote récent du 26 mars 1898.

ainsi que les statistiques le démontrent. Est-il juste, comme cela existe actuellement sous le régime de la responsabilité civile, que l'ouvrier en supporte les conséquences à la place du patron ? On ne voit pas de motifs d'en décharger celui-ci au détriment de celui-là, d'autant plus que, avec beaucoup de raison, l'accident peut être considéré comme une mauvaise chance de l'entreprise à mettre sur le compte de l'exploitation. Et pourtant, disent les adversaires du risque professionnel, cela n'est pas absolument indiscutable au point de vue de l'équité. On pourrait peut être mettre à la charge de l'industrie les accidents dont la cause directe vient de l'outillage, des matériaux, de l'exploitation même. Mais il y a d'autres accidents tout à fait étrangers à cet ordre d'idées : ceux qui sont dus à une force majeure. La foudre communique le feu à mes ateliers et fait de nombreuses victimes parmi mes ouvriers ; un ouragan arrache la toiture de mon usine et les débris de tuiles blessent les travailleurs. Est-ce là un accident qu'on puisse juridiquement et équitablement m'imposer ? Sur quoi étayerait-on ma responsabilité ? Ce ne peut pas plus être sur le fait de l'exploitation que sur ma faute ; ici le risque professionnel ne se comprend pas et ne peut être appuyé sur aucune base. « En ce cas, dit M. Dejace, professeur à l'université de Liège, dans son ouvrage sur la responsabilité des accidents du travail, qui oserait sans aucune injustice souveraine, je ne dis pas même déclarer responsable le patron, mais lui imposer une charge quelconque de ce chef ? C'est l'acte de Dieu, c'est le risque de l'humanité. Nul ne peut l'éviter, et contre les suites de ces accidents, il n'y a qu'une ressource, les institutions d'assistance et de prévoyance. »

Néanmoins, malgré ces objections, tous les projets sont unanimes à accorder réparation à l'ouvrier blessé par accident dû à un cas fortuit ou à une force majeure : la situation précaire de celui-ci le commande.

Faute légère.

Les projets ne protègent pas seulement l'ouvrier contre les cas fortuits ; du cas fortuit à la faute légère de la victime, il n'y a qu'un pas à franchir, et cette faute peut être considérée également comme un risque inhérent à la profession, à l'entreprise. L'ouvrier, en effet, la plupart du temps, ne peut être rendu responsable de sa faute légère : celle-ci est inévitable, infailliblement causée par l'exécution d'un travail machinal ; la monotonie de la besogne conduit à des distractions involontaires, à des imprudences dont l'ouvrier n'est pas le maître et dont la cause responsable est le travail ordonné par le patron. C'est donc à ce dernier de répondre d'accidents fatalement occasionnés par l'exécution d'un travail qu'il a commandé et que l'ouvrier ne peut pas plus éviter que les cas fortuits : ce risque doit rentrer dans les frais généraux de l'exploitation.

De la faute lourde.

Elle a provoqué de nombreuses discussions et on est loin de s'entendre sur le point de savoir si elle doit ou non rentrer dans la notion du risque professionnel, et, en admettant l'affirmative, jusqu'à quel point elle pourrait motiver un droit à indemnité.

Examinons successivement la faute lourde de l'ouvrier et la faute lourde du patron.

a) Faute lourde de l'ouvrier.

Un premier système, voté par la Chambre des députés en 1888, fait rentrer dans le risque professionnel la faute lourde de l'ouvrier, quelle qu'elle soit, et accorde à celui-ci une indemnité quand même l'accident eût donné lieu à une poursuite correctionnelle et à une condamnation contre lui. On ne fait exception qu'au cas où il aurait volontairement provoqué l'accident et sur ce point, d'ailleurs, tout le monde est d'accord pour refuser une indemnité.

Le système que nous venons d'exposer présente l'avantage de tarir la source des procès, de sorte qu'on atteint un des principaux buts qu'on s'est proposés en posant la question du risque professionnel : empêcher le patron de recourir aux voies judiciaires pour essayer de se soustraire aux réparations d'accidents.

Cependant il pourrait aboutir à de graves conséquences : un ouvrier, chargé du chauffage d'une chaudière, s'est enivré. Il oublie de renouveler à temps l'eau de la chaudière et une explosion se produit, le blessant ainsi que d'autres ouvriers et des tiers. Le patron, par suite de cette faute lourde va se trouver obligé de verser des indemnités tant aux tiers et aux ouvriers victimes, à l'égard desquels il répond de la faute de ses préposés, qu'à l'auteur même de l'accident envers lequel il sera tenu en vertu du risque professionnel. Ce sont là, semble-t il, des conséquences bien onéreuses pour l'entrepreneur qui n'a rien à se reprocher. Et en supposant que ce dernier ait aussi péri dans la catastrophe, en vertu du même principe, ses héritiers devront encore indemniser le coupable qui a causé la mort de leur auteur en leur faisant éprouver d'autre part un préjudice considérable tant à cause de la réparation due aux victimes qu'à raison du matériel endommagé ou détruit.

Devant cette situation fâcheuse, on propose de laisser à la charge de l'ouvrier les conséquences de sa faute lourde. Ce système, adopté en 1890 par le Sénat et le Gouvernement, paraît équitable, mais on lui reproche de susciter des procès car le patron va toujours chercher à faire apprécier par le tribunal le degré de faute, pour se soustraire à sa responsabilité.

Un troisième système, voté par la Chambre des députés en 1893, respecte le principe de l'indemnité même en cas de faute lourde, mais si le patron en peut démontrer l'existence, le taux de cette indemnité pourra être réduit. Mais ici encore se présente le grave inconvénient du recours en justice avec l'abus qu'on en peut faire : il est à craindre que le patron, même au cas où il n'aurait à relever contre l'ouvrier qu'une excusable négligence ou une imprudence, ne tente cependant les chances d'un procès et ne fasse apprécier l'étendue de la faute. On répond qu'il serait établi à cet effet une juridiction spéciale, composée de juges possédant des connaissances techniques, par conséquent à même de pouvoir faire facilement une appréciation équitable de la faute, mais il n'y aurait là, malgré tout, qu'un palliatif insuffisant.

Ce système de la variation de l'indemnité, intermédiaire entre les deux autres a été soutenu dans les différents congrès internationaux des accidents du Travail, en particulier récemment à Bruxelles, par M. Périssé, président de l'Association des industriels de France contre les accidents du Travail, qui proposait de réduire l'indemnité d'un tiers en cas de faute lourde prouvée contre l'ouvrier.

En 1896, le Sénat, dans l'intérêt de l'industrie et voulant éviter aux entrepreneurs le poids de trop lourdes charges, consacrait un autre système en refusant une réparation à l'ouvrier qui aurait commis une *faute inexcusable*. Ainsi, entre la faute intentionnelle, qui ne donne aucun droit à la victime et la faute lourde qui donne lieu à une indemnité, le projet prévoit un degré intermédiaire, la faute inexcusable. Mais quel sera le critérium qui nous permettra de distinguer nettement ces différents degrés ?

La faute intentionnelle et la faute lourde se distinguent parfaitement par cet élément intentionnel qu'il est facile de reconnaître. Quand il s'agit de déterminer la faute inexcusable, nous n'avons aucun élément d'appréciation. Nous savons qu'elle doit être plus grave que la faute lourde, mais, ou bien elle se rapprochera tellement de la faute intentionnelle qu'elle se confondra avec elle, ou bien elle se rapprochera davantage de la faute lourde et elle fera double emploi avec celle-ci. Un ouvrier, par exemple, a enfreint les règle-ments d'atelier qui lui ordonnaient de prendre dans l'exécution de son travail telle mesure de précaution. Comment pourra-t-on voir nettement s'il y a faute lourde ou inexcusable ? Ou bien l'ou-vrier a réfléchi à ce qu'il faisait, a violé volontai-rement le règlement, sachant quelles étaient les conséquences qui pouvaient en résulter, et il y a faute intentionnelle, ou bien il a agi sans réflexion et nous retombons dans la faute lourde.

Ce nouveau système n'est d'ailleurs pas de nature à éviter les recours en justice, car cette nouvelle distinction entre la faute lourde et la faute inexcusable peut être, dans chaque cas particu-lier, la source de procès.

Le projet voté par la Chambre des dépu-tés le 28 octobre 1897, par une sorte de tran-saction avec le Sénat, dans le but d'arriver avec lui à une entente, maintient la notion de faute inexcusable avec cette différence toutefois qu'elle ne sera plus exclusive d'indemnité mais permet-tra une réduction de pension. L'article 21 contient les dispositions suivantes : « Aucune des indem-nités déterminées par la présente loi ne peut être attribuée à la victime qui a intentionnellement provoqué l'accident. Le tribunal a le droit, s'il est prouvé que l'accident est dû à une faute inexcu-sable de l'ouvrier, de diminuer la pension fixée au titre premier (1). »

---

(1) Voir pour les travaux législatifs postérieurs, 3ᵉ partie de notre thèse.

b) Faute lourde du patron.

Les uns n'ayant en vue que la seule protection de l'ouvrier font, en consacrant le risque professionnel, une situation différente à l'entrepreneur et à l'employé. Les intérêts de ce dernier sont seuls pris en considération, et en ce qui concerne le patron, il suffirait de s'en tenir au droit commun. Ainsi, en cas d'accident occasionné par la faute légère ou grave de l'ouvrier, une indemnité fixe lui serait toujours accordée, comme nous le verrons plus loin, selon un modèle de tarification. Mais en cas de faute du patron, on en reviendrait au droit commun de l'article 1382 C. c., c'est-à-dire à l'indemnisation de l'ouvrier non plus par l'allocation du tarif modéré d'indemnité, mais de dommages-intérêts à apprécier par le tribunal. D'une part l'employé serait toujours certain d'obtenir une réparation quelle que soit la cause du sinistre, et d'autre part le chef d'industrie, malgré la charge des indemnités qui lui incomberait dans tous les cas, ne se verrait pas garanti par compensation contre les chances de procès, les recours en responsabilité. On ne discute pas le montant des dommages-intérêts à allouer à l'ouvrier quand il a commis une faute, mais on peut discuter ce taux lorsque la faute est imputable au patron. Ce système à peu près abandonné est contraire non seulement à l'équité, mais aussi à la raison, car tout en prétendant maintenir à l'égard du patron les règles du droit commun, il supprime les quelques avantages que pourrait présenter pour ce dernier l'application du principe de la responsabilité civile : Supposons qu'un accident causé par la faute d'un ouvrier qui s'en trouve victime atteigne également des tiers. En vertu du risque professionnel l'entrepreneur indemnise d'abord son ouvrier. Il doit ensuite, en vertu de sa responsabilité civile, réparer le dommage causé aux tiers, mais il n'aura plus, comme autrefois, de recours contre l'auteur de l'accident. Ce qu'il a payé était désormais dû par lui, il n'a pas payé pour un autre, mais il a soldé une dette à lui propre, que son ouvrier peut se permettre impunément de lui créer.

Il faut donc au point de vue de l'équité et du droit, et pour ne pas faire une loi de privilège, donner une situation égale à chacune des parties, dans cette consécration du risque professionnel et traiter la faute du patron comme la faute de l'employé.

Le projet voté par la Chambre en 1888, visait la faute lourde du patron aussi bien que celle de l'ouvrier. Les tarifs de l'indemnité forfaitaire s'appliquaient à l'un et l'autre cas et la responsabilité civile du chef d'entreprise ne subsistait, à titre exceptionnel que lorsqu'il avait été condamné correctionnellement à plus de huit jours de prison, c'est-à-dire lorsque la faute présentait un caractère tout particulier de gravité.

Le Sénat et le Gouvernement en 1890 proposèrent de laisser subsister la responsabilité civile au cas de faute lourde. C'était la solution également adoptée à l'égard de l'ouvrier et dans la notion du risque professionnel ne rentraient que les accidents dus à une faute légère.

Le système de la variation de l'indemnité, voté

par la Chambre en 1893, modifie les dispositions précédentes en traitant néanmoins d'une façon égale patrons et ouvriers. De même que l'indemnité à allouer à l'ouvrier peut être réduite lorsqu'il y a faute lourde prouvée contre lui, de même, la faute lourde prouvée contre le patron justifiera la majoration de l'indemnité (système soutenu par MM. Périssé et Darcy au Congrès de Bruxelles).

Le Sénat en 1896, parle, ainsi que nous l'avons déjà vu, de faute inexcusable. L'ouvrier qui établira non pas seulement la faute lourde du patron, mais sa faute inexcusable, obtiendra une indemnité supérieure au tarif maximum fixé par le projet.

Le projet de la Chambre des députés, voté le 28 octobre 1897, consacre cette règle. Art. 21, § 3 : « Lorsqu'il est prouvé que l'accident est dû à la faute inexcusable du patron ou de ses préposés, l'indemnité peut être majorée, mais sans que la rente ou le total des rentes viagères allouées puisse dépasser le montant du salaire annuel » (1).

Nous avons rejeté cette théorie de la faute inexcusable, nous repoussons également tout système qui, au point de vue de la faute établirait une inégalité fâcheuse entre patrons et ouvriers, nous repoussons aussi l'idée de variation d'indemnité en cas de faute lourde prouvée contre l'une ou l'autre des parties comme susceptible de multiplier les recours en justice ; enfin, pour les mêmes motifs, nous n'approuvons point le principe qui ne fait rentrer que la faute légère dans le risque professionnel, car il n'est pas toujours facile de

----

(1) Pour les travaux législatifs postérieurs, voir 3ᵉ partie.

distinguer où finit la faute légère et où commence
la faute lourde. Nous nous rattachons au système
de la couverture de la faute quelle quelle soit,
légère ou lourde (pourvu du moins qu'elle ne soit
pas intentionnelle), qui semble mieux à même de
réaliser le but qu'on se propose en modifiant le
droit commun en matière de responsabilité. Mais
il n'est pas sans soulever un certain nombre de
difficultés que nous allons examiner.

Justification de la couverture de la faute lourde

Lors des congrès internationaux sur les accidents du travail, tenus à Paris, Berne et Milan,
un grand nombre de délégués, et en particulier
du côté des Français, M. Cheysson, inspecteur
général des ponts et chaussées, se prononçaient
nettement pour la suppression de la responsabilité civile du patron, remplacée par le risque
professionnel avec couverture de la faute lourde,
tel qu'il était déjà consacré en Allemagne et en
Autriche.

A Bruxelles, au Congrès tenu en 1897, MM. van
Overbergh, Chimirri, Wolff et nombre d'autres
se prononçaient également en ce sens, et on
rappelait combien cette idée avait fait de progrès
dans tous les pays, et spécialement en Angleterre
où une réforme législative venait de modifier les
anciens principes. Cependant on objectait tant
contre l'idée même du risque professionnel que
contre la couverture de la faute lourde deux sortes
de griefs :

D'abord, dit-on, il est à craindre un accroissement du nombre des accidents. L'ouvrier étant

désormais toujours certain d'obtenir une réparation malgré sa faute lourde, il ne se préoccupera plus suffisamment du soin d'assurer sa sécurité. Lors des débats parlementaires du projet voté en 1888 par la Chambre des députés, M. Frédéric Passy s'exprimait ainsi ; « Notre nature humaine est ainsi faite, — c'est un de ses mauvais côtés si vous voulez — que lorsque nous n'avons point un intérêt suffisamment apparent à nous surveiller, nous nous surveillons moins. Sans doute, l'ouvrier ne s'exposera pas de gaieté de cœur, — on ne va pas, sauf des cas exceptionnels, se faire enlever même le bout du doigt de gaieté de cœur, — mais il sera moins attentif, moins préoccupé des conséquences. » (Deb. parl. Séance du 25 juin 1888, p. 1881). Ainsi, à l'abri des conséquences de sa faute lourde, l'ouvrier prendra moins de précautions, s'habituera en quelque sorte à commettre des imprudences, et il est à prévoir un plus grand nombre d'accidents. — Il en sera de même à l'égard du patron dégagé de sa responsabilité civile. Libéré par le paiement d'une indemnité fixe, assez minime, en tout cas inférieure au montant du préjudice causé, il se souciera peu d'apporter dans ses ateliers les perfectionnements propres à prévenir les accidents et se montrera moins diligent à faire observer les règlements concernant la sécurité des travailleurs.

L'on fait ressortir à l'appui les résultats déplorables des systèmes allemands et autrichiens, l'énorme accroissement des accidents déclarés, constaté d'année en année par les statistiques, et hors de proportion avec le nombre plus considérable d'ouvriers employés dans l'industrie, et l'un des principaux adversaires du risque professionnel, M. Yves Guyot, constate que cette augmentation porte non sur les accidents graves, mais sur ceux qui occasionnent une incapacité temporaire de travail, sur les accidents relativement légers, ce qui fait bien ressortir l'habitude d'inadvertance contractée par l'ouvrier : lorsqu'il risque des blessures graves, des infirmités, il se montre toujours prévoyant, mais il ne songe plus à éviter les accidents légers, sans grandes conséquences pour lui, puisqu'il est toujours certain d'être indemnisé. Ainsi, de 1886 à 1887, tandis que le nombre des accidents ayant entraîné la mort ou une incapacité permanente de travail, restait sensiblement le même en Allemagne, les cas d'incapacité temporaire de 13 semaines à 6 mois s'étaient élevés par 1.000 individus dans la proportion de 0,44 à 1,08, et chaque année l'on peut constater des écarts presque aussi considérables.

Au Congrès de Bruxelles, M. Bœdiker, président de l'Office impérial des Assurances en Allemagne, répondait à ces objections en observant que cet accroissement n'était pas une conséquence forcée de la consécration du risque professionnel. On devrait, s'il en était ainsi, constater la même progression dans chacune des branches de l'industrie, tandis que les statistiques ne l'établissent que relativement à certaines catégories d'exploitations et à certaines catégories d'accidents. D'autre part, si le nombre des déclarations d'accidents avait augmenté, celui des indemnisations était resté à peu près le même et avait plutôt diminué : ainsi, en 1895, sur 1.000 déclarations, les cas d'indemnisation étaient réduits de 6,4339 à 6,4312. — Il ne faut d'ailleurs attacher qu'une importance médiocre aux statistiques concernant les déclarations d'accidents, car l'ouvrier trop souvent disposé à se prévaloir de la blessure la plus insignifiante, n'hésite pas à faire, à tout hasard, une déclaration.— D'un autre côté, si la proportion des accidents graves reste sensiblement la même, c'est qu'un progrès a été réalisé, sans quoi, à une augmentation du nombre d'ouvriers employés dans l'industrie, aurait correspondu une augmentation proportionnelle des cas d'indemnisation. Et en supposant même qu'il en eût été ainsi, il n'en faudrait peut-être pas rejeter la cause sur le risque professionnel, mais sur les conditions dans lesquelles s'exécute aujourd'hui le travail industriel : « D'année en année, disait M. Bœdiker au Congrès de Bruxelles, le travail à la main cède davantage le pas à l'exploitation plus dangereuse à l'aide de machines. De plus en plus, de grandes masses d'ouvriers sont concentrées dans les locaux de travail et cette concentration intensifie les risques. Le caractère intensif et fébrile des modes de production va croissant, il en résulte que les ouvriers, conformément à la tendance de l'époque, deviennent plus nerveux et plus sujets aux accidents. De plus en plus, enfin, on emploie des ouvriers inexpérimentés dans les industries mécaniques. » Ainsi donc l'accroissement des accidents n'est pas spécial à l'Allemagne et à l'Au-

triche parce qu'elles ont consacré le risque professionnel, mais il s'observe dans tous les pays où
le développement industriel a suivi le courant de
la science moderne, et la nécessité de renverser
les principes surannés de la responsabilité civile
ne s'en impose que davantage.

Un grief très grave n'en reste pas moins, dit-on,
à l'adresse du risque professionnel absorbant
toutes fautes commises soit par l'industriel, soit
par l'ouvrier. Le paiement de l'indemnité est
désormais une charge de l'industrie, toute responsabilité personnelle du côté de l'employeur et
de l'employé disparaît, aucune sanction civile
personnelle n'est plus attachée à la faute, puisque
tout est tranché à l'avenir par une indemnité forfaitaire, et il ne faut plus espérer aucun effort,
aucune initiative individuels. — Mais il n'est pas
exact que toute sanction ait disparu : D'abord des
mesures préventives seront imposées au patron
qui en sera tenu en vertu d'une obligation légale.
D'autre part, outre la sanction morale qui s'at-
tache à la faute commise, il en existe une autre
d'ordre pénal qui ne manquera pas d'être efficace.
D'autre part, la faute commise par l'ouvrier
entraînera comme précédemment une sanction
morale et une sanction pénale. Enfin la crainte,
des blessures, des infirmités, de la mort déter-
mineront toujours l'ouvrier à prendre des mesures de prévoyance, des précautions que ne viendra
certainement guère entraver la certitude d'une
indemnité.

Ainsi donc, la sanction civile seule disparaît,
mais les sanctions morale, pénale et physique,

sont suffisantes. Comme on le disait au Congrès de Bruxelles, la sanction civile serait-elle plus efficace que la menace de la prison, l'appréhension de la souffrance, le risque de la mort ?

Les objections relatives à l'accroissement des accidents et à l'incurie des patrons et ouvriers ne sont donc pas plus justifiées à l'égard de la faute lourde qu'à l'égard de la faute légère. En outre, la couverture des deux fautes sans distinction peut se justifier par les considérations suivantes :

D'abord le risque professionnel semble entraîner forcément avec lui la notion de faute lourde. Les accidents sont une conséquence inévitable du travail moderne. L'ouvrier qui s'habitue peu à peu au danger, croit pouvoir toujours l'éviter, et dans l'exécution de son travail, il arrive ainsi à commettre inévitablement des fautes lourdes qui ne peuvent pas plus être conjurées que la faute légère ou le cas fortuit. Un ouvrier, faisant preuve d'intrépidité, pour arriver à produire davantage, s'est exposé à certains dangers dont il est victime : serait-il juste de le priver ici d'indemnité même sous prétexte de faute lourde, alors que l'industrie au profit de laquelle il s'est dévoué jouirait du surcroît de production sans supporter les risques, les mauvaises chances qui y sont afférents.

Une autre considération dont nous avons déjà touché un mot se base sur ce qu'il n'existe pas entre la faute lourde et la faute légère une séparation bien tranchée, mais des étapes intermédiaires. Il n'est pas facile de définir et délimiter le domaine

de chacune des deux fautes. Doit-on alors s'en
rapporter à l'appréciation du tribunal ? Ce serait
peut-être dangereux, car le juge serait naturelle-
ment porté à apprécier la faute selon le droit commun de l'article 1382 et le risque professionnel
pourrait être ainsi assimilé en grande partie à
l'ancienne théorie de la responsabilité civile. Il est
vrai qu'on pourrait en cette matière remplacer le
tribunal civil par un tribunal arbitral composé de
juges possédant des connaissances techniques,
mieux à même par conséquent de se rendre
compte du degré de faute : Mais ici comme
cas précédent, nous n'échapperions pas à des
recours multipliés, grave inconvénient qu'on
arrive facilement à éviter par la couverture de la
faute lourde. — MM. Prins et Keller, au Congrès
de Bruxelles, avaient proposé pour échapper à ces
objections une énumération des cas de déchéance
d'indemnité. Mais M. Cheysson craignait avec
raison une énumération trop large ou trop étroite :
« Ainsi, par exemple, vous voulez priver du droit
à indemnité les ouvriers blessés à la suite d'une
violation de règlement établi pour leur sécurité.
Il sera facile au patron qui l'a édicté de mettre
toujours l'ouvrier dans son tort par des subtilités
de rédaction. Et d'ailleurs combien de circonstances se présentent dans la vie industrielle où il
est impossible de ne pas désobéir au règlement,
d'incidents où il faut user d'initiative et d'énergie
pour sauver la situation ! »

A un autre point de vue, on faisait ressortir au
Congrès de Bruxelles la nécessité de la couverture
de la faute lourde pour venir en aide à la petite

industrie qui autrement se trouverait dans une situation moins privilégiée que la grande industrie. Le patron qui n'occupe que quelques ouvriers, qui non seulement les dirige, mais travaille avec eux, est plus exposé à commettre des fautes que le patron d'une grande exploitation qui paraît peu souvent dans les ateliers et ne donne des ordres qu'à de rares intervalles. Celui-ci, pourvu qu'il ait pris toutes les mesures préventives pour la sécurité des ouvriers, ne sera guère trouvé en défaut, tandis que le premier peut être l'objet de fréquentes poursuites. On pourrait donc en faisant rentrer dans le risque professionnel la faute lourde aussi bien que la faute légère épargner au petit industriel les recours dont il est actuellement menacé en vertu de sa responsabilité civile, et mettre ainsi tous les patrons sur un pied d'égalité.

Enfin, si l'ouvrier devenu incapable de travailler par suite d'un accident dû à sa faute lourde, n'a droit à aucune indemnité, et par suite se trouve sans ressources, la société ne peut l'abandonner et l'assistance publique est tenue de lui venir en aide : ne serait-il pas plus simple, plus juste en même temps que moins humiliant pour lui de le secourir au moyen d'une indemnité qui, due même en cas de faute lourde, serait un droit et non pas une aumône ? Si, d'ailleurs, on lui refuse tout droit, la punition retombera sur des innocents, sur son conjoint, ses enfants, ses parents dont il était le soutien. C'est vrai, dit-on, mais pourquoi en serait-il autrement qu'en cas de maladie survenue à l'ouvrier ? Les conséquences ne seront-elles pas les mêmes, celui-ci est-il moins digne d'intérêt que celui-là, et cependant a-t-on jamais songé à obliger le patron de garantir, à ses seuls frais, l'ouvrier contre les risques de la maladie ? L'objection ne porte pas, car l'accident résulte directement du travail industriel, tandis que la maladie n'en dérive pas nécessairement. Les causes sont différentes et une loi qui garantirait l'ouvrier contre les risques d'accidents serait fondée sur une obligation de l'industrie moderne, tandis qu'une loi contre les risques de maladies serait une loi d'assistance publique.

SECTION III

Des entreprises soumises au risque professionnel

On peut limiter le champ d'application du risque professionnel aux entreprises qui emploient des moteurs mécaniques, ce qui comprend non seulement les usines et manufactures, mais aussi les exploitations agricoles qui comportent l'emploi de machines mues par une force élémentaire ou par des animaux ;

D'autre part, on peut étendre les mesures de protection à toutes les industries ou exploitations présentant des dangers en quelque sorte inévitables et inhérents à l'entreprise, quand bien même elle ne nécessiterait pas l'emploi de moteurs mécaniques (par exemple l'industrie du bâtiment) ;

On pourrait concevoir enfin un système général applicable à tous les accidents du travail.

En s'en tenant aux deux premiers modes, on peut encore déterminer limitativement quelles seront les industries assujetties au régime nouveau, ou bien la loi peut se borner à consacrer le principe en laissant à un règlement d'administration publique le soin de déterminer les industries rentrant dans le cadre fixé par le législateur. Le règlement d'administration publique a l'avantage de combler les lacunes que la loi pourrait présenter, en la rendant applicable à telle ou telle industrie dangereuse, mais l'énumération légale, de son côté, prévient l'arbitraire administratif faisant rentrer mal à propos une entreprise déterminée sous l'application de la loi, au grand détriment du développement de cette entreprise.

Une loi faisant rentrer tous les accidents dans le risque professionnel, présenterait cet avantage de ne pas créer de catégories de privilégiés.

Primitivement, on n'avait voulu protéger contre les accidents que ceux qui travaillaient dans des usines ou manufactures nécessitant l'emploi de moteurs dangereux, d'un outillage mécanique compliqué. A la séance du 26 juin 1888, à la Chambre, lors des débats sur le projet de loi en cette matière, M. René Laffon s'exprimait ainsi : « La pensée primitive, celle qui a présidé aux premiers travaux sur cette question était essentiellement limitée ; à des hommes qui se trouvaient placés par leur labeur quotidien en dehors des conditions communes, on a voulu faire une situation privilégiée, une loi spéciale qui améliorât les conditions du droit commun au profit de certaines catégories de personnes particulièrement intéressantes, afin de rendre incontestable, certain et fixe le droit à indemnité de ces ouvriers qui travaillent dans des entreprises présentant ce double caractère de don-ner lieu à de gros dangers pour l'ouvrier et à de gros bénéfices pour le patron. » (Deb. parl. 26 juin 1888. p. 1901).

Puis on en est arrivé peu à peu, dans le désir d'améliorer la condition des ouvriers en général, à étendre le champ d'application de la loi. Cette ex-tension, faite trop rapidement, pourrait présenter quelque danger bien qu'au premier abord elle pa-raisse équitable. La loi généralisée créerait en effet, une situation différente en fait, aux grands et aux petits industriels : Le risque professionnel entraî-nera une augmentation de charges pour chacun, mais tandis que les premiers (compagnies de che-mins de fer, grandes compagnies minières, grandes manufactures, etc.), qui possèdent d'immenses capitaux et font des bénéfices considérables, sup-porteront facilement ce surcroît de charges, et trouveront d'ailleurs une compensation en faisant sur les marchés, dont ils sont maîtres, les prix de leurs produits, les seconds ne pourront peut être faire face à cette nouvelle obligation qui leur incombe et se verront forcés de capituler. Il y a là un danger social qu'il est nécessaire de prendre en considération.

Les projets antérieurs au vote du Sénat en 1896 procédaient par énumération limitative des indus-tries assujetties au risque professionnel. Ce projet du Sénat est plus général et comprend toutes les industries, sauf les exploitations agricoles où l'on n'emploie pas de moteurs mécaniques.

Le projet de la Chambre des députés voté le 28 octobre 1897 revient à une énumération limitative. L'article 1er est ainsi conçu : « Les accidents survenus par le fait du travail ou à l'occasion du travail aux ouvriers et employés occupés dans l'industrie du bâtiment, les usines, manufactures, chantiers, les entreprises de transport par terre et par eau, de chargement et de déchargement, les magasins publics, mines, minières, carrières, et en outre dans toute exploitation ou partie d'exploitation dans laquelle sont fabriquées ou employées des matières explosibles ou dans laquelle il est fait usage d'une machine mue par une force autre que celle de l'homme ou des animaux, donnent droit, au profit de la victime ou de ses représentants, à une indemnité à la charge du chef d'entreprise... » (1).

SECTION IV

Des accidents soumis au risque professionnel

On s'accorda à établir une distinction entre les accidents présentant une certaine gravité et ceux qui, par la durée probable de leurs effets, présentent plutôt les caractères d'une maladie. Ces derniers ne rentreront pas dans le risque professionnel, autrement les charges imposées aux patrons eussent été écrasantes, d'autant plus qu'en cas d'accidents légers, la simulation est à craindre, bien que l'ouvrier qui en est convaincu puisse être poursuivi pour escroquerie. Certains projets n'assimilent l'accident à la maladie que lorsqu'il

---

(1) Pour les travaux législatifs postérieurs, voir 3e partie.

y a inaction de quelques jours, d'autres vont jusqu'à plusieurs semaines (en Allemagne plus de 13 semaines). Le projet voté par la Chambre des députés en 1897 parle d'une interruption de travail de plus de quatre jours (art. 1er.).

Ce même projet, pour déterminer exactement quels accidents auront le caractère professionnel, exige qu'ils soient « survenus par le fait du travail ou à l'occasion du travail » (art. 1er). Il sera donc nécessaire d'apprécier, en fait, si l'ouvrier, au moment du sinistre, exécutait un travail utile à l'exploitation, soit d'une façon directe, soit d'une façon indirecte. Ce sont là des questions de détail, que le législateur ne peut trancher, et qui sont du domaine de la jurisprudence (1).

SECTION V

De l'indemnité

Actuellement en France, sous le régime de la responsabilité civile, le tribunal apprécie aussi équitablement que possible, le dommage causé par l'accident, et accorde une indemnité représentative de ce préjudice. Il n'en sera pas ainsi sous le régime du risque professionnel ; les charges de l'industrie se trouvent en effet considérablement étendues, et il faut éviter de l'écraser sous le poids de risques excessifs. On se trouve alors amené à établir une sorte de transaction entre patrons et ouvriers, dont les intérêts sont différents, par la consécration d'un nouveau principe, *colui de l'indem-*

---

(1) Pour les travaux législatifs postérieurs à 1897, voir 3e partie.

nité forfaitaire, qui consiste à n'accorder à la victime qu'une réparation inférieure au préjudice qu'elle a éprouvé. C'est une compensation accordée au chef d'industrie qui supportera désormais les risques d'accidents survenus soit par cas fortuit ou de force majeure, soit à la suite de fautes légères ou lourdes de l'ouvrier.

On reproche à ce principe de retirer aux ouvriers la plupart des avantages qui leur étaient assurés par le risque professionnel, de leur enlever d'une main ce qu'on leur donnait de l'autre ; — on dit également que ce forfait, étant une moyenne établie en élevant le taux de l'indemnité qui serait due, selon le droit commun, à la victime reprochable d'une faute, et en abaissant le montant de la réparation due, selon le même droit commun, à l'ouvrier blessé qui serait exempt de faute, — on n'a pas le droit de l'imposer à ce dernier qui n'a rien à se reprocher. Mais cette limitation est nécessaire, car tous les éléments qui concourent à la production doivent être également favorisés, aucun ne doit être sacrifié au profit des autres, d'autant plus que des mesures trop favorables à l'ouvrier pourraient bien, en dernière analyse, se retourner contre lui, et aboutir à un abaissement des salaires.

Il existe deux modes de détermination de l'indemnité forfaitaire :

Un premier moyen consiste à fixer un maximum d'indemnité que le juge ne pourra jamais dépasser et un minimum au dessous duquel il ne pourra descendre. Entre ces deux extrêmes, il déterminera aussi équitablement que possible l'indemnité à allouer à la victime. C'est le système qui a été adopté par la Chambre des députés en 1888 et par le Sénat en 1896. Mais on peut lui reprocher de multiplier les contestations, les procès, d'apporter des lenteurs dans le règlement des indemnités. Le patron sera souvent disposé à plaider pour payer le minimum, de même l'ouvrier, pour obtenir le maximum. De là les tiraillements, un désaccord regrettable, sans compter que l'ouvrier, pressé par le besoin, las de plaider, se déterminera souvent à une transaction désastreuse.

A ce point de vue, et relativement à la faute inexcusable, exclusive d'indemnité, le projet du Sénat voté en 1896, présente un danger tout spécial : l'appréciation de cette faute est une source intarissable de procès.

Par un second mode de détermination de l'indemnité, on propose une tarification fixe, précise, allouée sur simple constatation médicale. Les avantages de ce système répondent suffisamment au reproche qu'on lui fait d'être un retour aux anciennes lois barbares, établissant la composition pécuniaire qui serait due dans chaque cas particulier. Il a été adopté par le Sénat et le Gouvernement en 1890, et par la Chambre des députés en 1893 et en 1897.

Lors des débats sur le projet de loi voté par la Chambre le 28 octobre 1897, des questions ont été soulevées relativement à la fixation du taux de l'indemnité. Avant d'en aborder la discussion, notons d'abord les dispositions de l'article 3 :

Il est accordé à la victime :

1° En cas d'incapacité absolue et permanente, une rente égale aux deux tiers du salaire annuel.

2° En cas d'incapacité partielle et permanente, une rente égale aux 2/3 de la réduction que l'accident aura fait subir au salaire ;

3° En cas d'incapacité temporaire, une indemnité journalière égale à la moitié du salaire touché au moment de l'accident, si l'incapacité a duré plus de 4 jours.

Lorsque l'accident est suivi de mort, une pension est servie à partir du décès, aux personnes suivantes :

A) Conjoint survivant non divorcé ou séparé de corps, marié avant l'accident : rente viagère égale à 20 pour 100 du salaire annuel de la victime ;

B) Enfants légitimes ou naturels, reconnus avant l'accident, orphelins de père ou de mère et âgés de moins de 18 ans : rente calculée sur le salaire annuel de la victime et égale à 15 p. 100 de ce salaire, s'il y a un enfant, 25 p. 100 s'il y a 2 enfants, 35 p. 100 s'il y en a 3, 40 p. 100 s'il y en a 4 et plus ;

Pour les enfants orphelins de père et de mère, la rente est portée pour chacun d'eux à 20 p. 100 du salaire.

L'ensemble de ces rentes ne peut toutefois, dans le premier cas, dépasser 40 p. 100 du salaire ni 60 p. 100 dans le second ;

C) Si la victime était célibataire, les ascendants à sa charge touchent chacun 10 0/0 du salaire sans que le montant total puisse dépasser 30 0/0.

Chacune de ces rentes est, le cas échéant, réduite proportionnellement.

Notons encore une disposition de l'article 2 : Ceux dont le salaire annuel dépasse 2,400 francs ne bénéficient des dispositions de la loi que jusqu'à concurrence de cette somme.

Sur quelle base s'est-on appuyé pour arriver à déterminer cette quotité des 2/3 du salaire comme indemnité forfaitaire à accorder à la victime ? Ce chiffre n'est point arbitraire, mais apprécié en tenant compte des résultats des statistiques. Celles-ci nous montrent, ainsi que nous l'avons déjà constaté, que sur 100 accidents, 60 proviennent d'un cas fortuit ou d'une cause inconnue, 15 d'une faute du patron et 25 d'une faute de l'ouvrier. En vertu du risque professionnel, les cas fortuits sont mis à la charge de l'entreprise, le patron en doit à l'ouvrier la réparation intégrale, c'est-à-dire qu'il est tenu de payer annuellement à la victime une rente égale au salaire si du moins il y a incapacité de travail absolue et permanente. L'intégralité du salaire est également due aux victimes d'accidents occasionnés par la faute du patron. Mais, en droit, aucune indemnité n'est due aux ouvriers blessés par leur faute ; de sorte que 25 p. 100 des accidents devraient rester à leur charge exclusive. C'est donc 75 p. 100 des accidents qui devraient être indemnisés intégralement par le patron. Celui-ci prend encore à sa charge les 25 0/0 d'accidents imputables à l'ouvrier et indemnise par conséquent toutes les victimes d'accidents, mais il ne peut plus, bien entendu verser une rente égale au salaire, et on se trouve amené à établir un forfait, une sorte de transaction qu'on est arrivé à baser aussi équitablement que possible sur les 2/3 de ce salaire.

On reproche cependant à ce taux des 2/3 d'être trop onéreux pour les chefs d'industrie. Obligés de recourir à des moyens compensateurs, et ne pouvant guère faire retomber ce surcroît de charges sur le consommateur, car la concurrence étrangère vient limiter les prix de vente, ils se verraient forcés d'abaisser les salaires, de sorte que la loi manquerait son but, l'amélioration de la classe ouvrière et l'apaisement des luttes entre patrons et ouvriers.

Lors de la discussion du projet, M. Laroche-Joubert avait proposé de fixer, dans les deux cas d'incapacité permanente absolue aussi bien que partielle, l'indemnité non aux 2/3, mais à la 1/2 du salaire si la victime était exempte de charges considérables, par exemple si l'ouvrier blessé est veuf, célibataire, n'a qu'un seul enfant ou ascendant. Mais il est à craindre que le patron trouve ici avantage à n'employer que des célibataires.

M. Boucher, ministre du commerce, proposant aussi un amendement, conservait le cœfficient des 2/3 en cas d'incapacité permanente absolue, mais prévoyant, en cas d'incapacité partielle permanente, des exagérations, des simulations beaucoup plus fréquentes que dans l'hypothèse précédente, il proposait une réduction à 1/2 du salaire perdu.

Ces amendements furent repoussés comme ne concordant pas avec les données de la statistique.

On a enfin reproché à ce taux des 2/3 d'obliger injustement le patron à payer, pendant toute la vie

de la victime, une somme représentant une quote-
part élevée du salaire au moment de l'accident,
alors qu'au bout d'un certain temps le salaire eût
diminué avec l'affaiblissement des forces de l'ouvrier. Une pension égale à la 1/2 du salaire serait
donc, dit-on, plus équitable et présenterait cet
avantage de stimuler l'ouvrier à hâter sa guérison,
afin de pouvoir toucher le plus tôt possible la tota-
lité de son salaire, tandis qu'il pourrait aisément
se contenter d'une indemnité plus élevée, et apporter des entraves à son rétablissement.

Quoiqu'il en soit, le rapporteur du projet main-
tint fermement ce taux de 2/3 qui avait déjà été
voté par la Chambre en 1893, et adopté également
en 1ʳᵉ lecture par le Sénat, alors qu'il ne s'était pas
encore rallié au principe de la variation de l'indemnité entre un maximum et un minimum, qui
fut consacré en deuxième lecture.

Tous les projets successivement votés par la
Chambre et le Sénat accordent des droits au conjoint de la victime qui vient à décéder. Le projet
de 1897 ne lui accorde d'indemnité qu'autant qu'il
n'est pas séparé de corps ou divorcé. Le projet de
la Chambre, de 1893 et celui du Sénat, de 1896 ne
retiraient le bénéfice de la loi qu'à l'époux contre
lequel le divorce ou la séparation de corps auraient
été prononcés. La Chambre en 1897, n'a pas, à tort
selon nous, pris en considération un amendement
en ce sens proposé par M. Sibille. Elle a encore
rejeté les deux propositions suivantes : « 1° Le
conjoint qui, sans être divorcé ou séparé de corps,
aurait abandonné le domicile conjugal, n'aura pas
droit à la rente. » « 2° Le conjoint qui contracterait

un nouveau mariage cesserait d'avoir droit à cette rente trois ans après la célébration du mariage. » Ce texte qui avait été voté par le Sénat en 1896, empêche le cumul des pensions qui pourrait par exemple se présenter au cas où une femme aurait eu deux maris tués, ou son premier tué et son second blessé.

On a opposé une dernière critique aux projets qui accordent des pensions au conjoint, aux enfants et aux parents de la victime. Si le patron se trouve éventuellement exposé à indemniser toute la famille de l'ouvrier, il cherchera à se soustraire à cette obligation en employant de préférence des célibataires, et l'ouvrier marié, père de famille trouvera difficilement du travail, d'autant moins facilement qu'il aura plus d'enfants, car l'indemnité augmente en raison de leur nombre.

Il nous reste à donner quelques notions sur la juridiction et la procédure et sur la prescription.

Quel sera le tribunal compétent pour trancher les contestations relatives au réglement de l'indemnité ?

Le projet voté par la Chambre en 1893 proposait la création de tribunaux professionnels, tribunaux d'arbitres, composés d'hommes ayant des connaissances techniques, moins versés sans doute que les juges de droit commun dans les sciences juridiques, mais mieux à même de trancher équitablement les contestations et surtout de les prévenir. Ils comprendraient un certain nombre de patrons et d'ouvriers, siégeant au nombre de trois, et présidés par un magistrat du tribunal civil de première instance, dont le rôle est d'assurer la régularité de la procédure et l'observation exacte de la loi. M. de Mun lors de la discussion du projet de 1897 rappelait les avantages de ce tribunal qui « rapproche les patrons et les ouvriers, les mettant en contact les uns avec les autres et les préparant à traiter à l'amiable entre eux toutes les difficultés que peut faire naître le contrat de travail ». La procédure serait d'ailleurs plus rapide et moins coûteuse, et les juges statueraient dans un esprit de conciliation de nature à apaiser les luttes entre patrons et ouvriers.

Mais le Sénat en 1896 avait vu avec défaveur cette institution qui semblait un retour aux anciennes juridictions corporatives en portant atteinte à l'unité de juridiction, et il a maintenu la compétence du tribunal civil.

La Chambre des députés en 1897, pour arriver à une entente avec le Sénat, a abandonné l'idée du tribunal arbitral, et a maintenu le droit commun en y apportant cependant un certain nombre de modifications concernant la procédure et les délais.

L'article 15 du projet donne au juge de paix du lieu où l'accident s'est produit, le soin de juger en dernier ressort les contestations relatives aux indemnités temporaires, et d'après l'article 16, les contestations sur les autres indemnités sont tranchées sommairement par le tribunal civil, après tentative de conciliation devant le président du tribuual. Les jugements ne sont pas susceptibles d'appel et ne peuvent être attaqués que par un recours en cassation pour excès de pouvoir et violation de la loi (articles 17, 18). Ces dispositions exceptionnelles ont pour but de diminuer le nombre des procès.

Enfin l'article 19 limite à un an le délai pendant lequel l'action pourra être exercée. Cette disposition paraît critiquable à deux points de vue :

Au point de vue pénal, en supposant que l'auteur de l'accident puisse être poursuivi devant le tribunal correctionnel, nous aboutissons à cette conséquence fâcheuse : l'action répressive sera susceptible d'être exercée pendant trois ans, tandis que l'intérêt civil du délit se proscrira par un terme beaucoup moins long.

D'un autre côté, l'ouvrier blessé, transporté à l'hôpital ou bien ignorant de son droit, ne songera pas à exercer immédiatement son action, et au bout de ce délai trop court d'une année, il se verra opposer une déchéance. Ou bien le patron fera des propositions, l'année se passera en pourparlers, on n'aboutira pas et la victime ne pourra plus agir. On répond que cette crainte n'est pas fondée, car le juge de paix chargé (art. 12 et 13) de faire les enquêtes en cas d'accidents, se transportera près du blessé et le renseignera, mais on ne peut guère être certain d'une stricte observation de la loi sur ce point, et il serait désirable qu'un délai plus long fût accordé.

L'article 7 réserve à la victime, conformément aux règles du droit commun, un recours en supplément d'indemnité contre les auteurs de l'accident autres que le patron ou ses préposés ou ouvriers. L'article 19 ne prévoit pas la prescription de cette action, elle s'opère par conséquent par 30 ans. L'action du risque professionnel s'éteint au bout d'un an ; sur tout autre point on n'entend point déroger au droit commun. Mais on aboutit dans certains cas à un résultat peu satisfaisant : qu'un accident provienne à la fois de la faute du patron et de la faute d'un tiers ; l'action de l'ouvrier blessé va se prescrire par un an contre le patron, par trente ans contre le tiers, pour un acte qui leur est également imputable.

Citons pour terminer notre exposé, les dispositions des articles 3 et 18 *in fine*, destinés à sauvegarder les droits des ouvriers :

Art. 18 *in fine* : La créance résultant d'une condamnation est garantie par le privilège de l'article 2101 du Code civil et y figure sous le numéro 6.

Art. 3 *in fine* : Les rentes constituées en vertu de la présente loi sont incessibles et insaisissables (1).

----

(1) Pour les travaux législatifs postérieurs à 1897, voir 3ᵉ partie.

CHAPITRE III

Du risque professionnel à l'étranger

On peut former deux groupes de pays :

1° Ceux qui ont déjà consacré législativement d'une façon plus ou moins complète le principe du risque professionnel ;

2° Les pays où la question est posée devant les Parlements.

Des pays qui ont conservé législativement le risque professionnel

Ce sont, par ordre d'ancienneté, l'Allemagne, l'Autriche, la Suisse, la Norwège et l'Angleterre (1).

Allemagne

Avant 1884, la responsabilité civile du patron était à peu près soumise aux mêmes règles qu'en France ; c'était donc à l'ouvrier qu'incombait la charge de la preuve ; toutefois l'entrepreneur n'avait pas à répondre des accidents occasionnés par la faute de ses préposés.

Une loi prussienne du 3 novembre 1838 était

______

(1) Le Danemark est entré récemment dans la même voie, voir 3ᵉ partie

venue apporter une modification au régime antérieur, en ce qui concerne les chemins de fer : elle
établissait le renversement de la preuve, mise à la
charge de l'entrepreneur, qui, pour être libéré,
devait justifier d'une faute de la victime ou d'un
cas fortuit. Une loi d'empire du 7 juin 1871 étendit
à tout le territoire allemand le champ d'application
de cette loi de 1838. Elle contenait en outre une
disposition spéciale aux fabriques, mines, usines
et carrières, en déclarant le patron non seulement
responsable de sa faute, mais aussi de celle de ses
préposés. Cependant les procès étaient toujours
très nombreux, suscités d'ailleurs par les procé-
dés qu'employaient les Compagnies d'assurance-
accidents dans les règlements d'indemnité. Elles
ne consentaient à verser que la somme à laquelle
le chef d'industrie était tenu envers son ouvrier,
et elles en étaient arrivées à ne faire un payement
que lorsqu'une décision judiciaire avait tranché
la question, si bien que l'entrepreneur ne pouvait
jamais transiger s'il voulait conserver ses droits
contre la Compagnie.

De là bien des tiraillements de nature à troubler
les rapports pacifiques entre patrons et ouvriers.
Devait-on alors généraliser les dispositions relatives aux chemins de fer ? On ne s'est pas seulement
arrêté à cette idée qui a paru insuffisante, mais
dans le désir de tarir absolument la source des
litiges, de venir en aide à l'ouvrier et surtout dans
le but de combattre les progrès du socialisme, on
a imaginé d'opposer une force considérable englo-
bant tous les travailleurs. Non seulement on les
protègera par le risque professionnel, mais l'Etat

prendra directement leur cause en mains par une vaste organisation d'assurances sociales. De là ces lois sociales allemandes, lois d'assurances contre les accidents, contre les maladies, contre la vieillesse, consécration du socialisme d'Etat destiné à combattre sinon à anéantir le socialisme révolutionnaire de plus en plus menaçant dans l'empire.

La loi prussienne du 10 avril 1854 sur l'assurance des ouvriers des mines, salines et carrières, qui fut étendue aux autres états confédérés, nous donne déjà une idée de cette tendance ainsi que la loi industrielle du 21 juin 1869.

Le 8 mars 1881 le gouvernement déposa au Reichstag un projet de loi concernant l'assurance contre les accidents. Il renversait toute l'ancienne théorie de la responsabilité civile en lui substituant celle du risque professionnel combiné avec l'assurance obligatoire. Ce projet, quelque peu modifié, devint la loi du 6 juillet 1884, complétée bientôt par d'autres dispositions législatives : lois des 5 mai 1886, 11 et 13 juillet 1887. Nous ne nous occuperons ici que des dispositions concernant le risque professionnel, réservant pour une autre partie de notre thèse les questions relatives à l'assurance obligatoire.

La loi du 6 juillet 1884 consacre dans toute sa rigueur les principes du risque professionnel. La faute lourde du patron y rentre comme la faute lourde de l'ouvrier qui n'est pas exclusive d'indemnité. La personne du patron s'est en outre effacée par suite de l'organisation, sur tout le territoire de l'Allemagne, de corporations professionnelles ou associations mutuelles, composées chacune, de tous les chefs d'entreprise exerçant le même genre d'industrie.

Chaque corporation embrasse généralement toute l'étendue du territoire allemand, mais dans certains cas cependant, la mutualité se restreint à une circonscription déterminée (corporations agricoles). L'Etat exerce son contrôle et sa direction au moyen d'une vaste administration, l'office impérial des assurances.

La personne du patron, avons-nous dit, a disparu en quelque sorte devant la corporation : celle-ci, en effet, règle toutes les questions relatives aux indemnités à allouer en cas d'accident, et l'ouvrier qui soulève une contestation ne doit plus agir contre le patron, mais contre la corporation qui supporte également la charge des pensions. La loi de 1884 laisse cependant subsister dans certains cas exceptionnels la responsabilité civile personnelle de l'entrepreneur, telle qu'elle existait sous l'ancien régime. Elle existe toujours à l'égard du chef d'industrie ou de ses préposés qui auraient volontairement provoqué l'accident (article 95), pourvu que l'intention délictuelle soit constatée par un jugement de condamnation, à moins que cette condamnation ne soit devenue impossible à raison de la mort de l'auteur du délit, de son absence ou de quelque considération relative à sa personne (art. 97).

Quant aux tiers, c'est-à-dire les personnes autres que le patron, ses préposés et ses ouvriers, ils répondent selon les termes du droit commun de leur faute aussi bien que de leur intention délictuelle. D'autre part, les lois relatives à cette nouvelle organisation du régime industriel allemand, font une énumération légale des entreprises qui y sont assujetties, de sorte que celles qui ne sont pas comprises dans l'énumération restent soumises au droit ancien sur la responsabilité civile. Enfin les ouvriers payés moins de deux mille marks sont seuls soumis au régime nouveau, et les employés dont le salaire égale ou dépasse ce chiffre ne peuvent qu'invoquer le droit commun pour se faire indemniser, le cas échéant.

La loi de 1884 comprend dans son énumération : les ouvriers et employés techniques des mines, salines, ateliers de préparation mécanique, carrières, chantiers de constructions terrestres ou navales, fabriques et usines métallurgiques (art. 1ᵉʳ § 1) ; — les ouvriers maçons, charpentiers, couvreurs, tailleurs de pierre, etc. (art. 1 § 2) ; — les établissements industriels qui font un usage permanent de chaudières ou de moteurs actionnés par une force élémentaire, à l'exception des entreprises agricoles ou forestières (art. 1 § 3) ; — les établissements où l'on produit des matières explosibles (art. 1 § 4) ; — enfin les établissements que désigne l'office impérial des assurances (art. 1ᵉʳ § 5 et 6). La loi du 28 mars 1885 vient ajouter l'exploitation technique des postes, télégraphes, chemins de fer, les travaux techniques des établissements de la guerre et de la marine, les entreprises industrielles de voiturage, de navigation intérieure, de flottage, etc. La loi du 5 mai 1886 fait rentrer dans le régime nouveau les ouvriers agricoles et forestiers, la loi du 11 juillet 1887, tous

les travaux de construction sans aucune distinction, et la loi du 13 juillet 1887, les gens de mer.

Nous avons vu que la corporation était substituée au patron pour le règlement et le paiement de
l'indemnité. Lorsqu'un accident se produit, le
chef d'entreprise doit, dans un délai de 24 heures,
sous peine de 300 marks d'amende, en faire la
déclaration à la police locale et à la corporation.
La fixation de l'indemnité a lieu à la suite d'une
enquête faite par les soins de la police qui recher-
che les causes de l'accident, constate la nature et
la gravité des blessures des victimes. Puis le conseil d'admnistration de la corporation décide en
premier ressort quel sera le montant de l'indemnité. Sa décision est susceptible d'appel devant
un tribunal arbitral dont la sentence n'est pas non
plus rendue en dernier ressort, mais peut être
encore portée devant l'office impérial des assurances. (Nous étudierons plus loin l'organisation
de tous ces rouages administratifs lorsque nous
traiterons des assurances allemandes.)

Pendant les treize premières semaines d'incapacité de travail, ce sont les caisses d'assurance-
maladie qui supportent la charge de l'indemnité
accordée à titre de secours temporaire. A partir
de la quatorzième semaine, l'accident n'est plus
assimilé à une maladie, et ce sont les caisses des
corporations qui fonctionnent. Le conseil de la
corporation apprécie les suites de l'accident au
point de vue de l'incapacité de travail qui en
résultera, et il accorde une indemnité fixe, déterminée par la loi, correspondante à la décision
rendue. En cas d'incapacité de travail totale tem-

poraire, il est accordé durant cette incapacité, une pension égale au salaire moyen de la dernière année écoulée ; cependant si le salaire moyen dépassait 4 marks, il ne serait ajouté à cette quantité 4, que le tiers de l'excédent pour le calcul de la rente : ainsi un salaire quotidien de 7 marks ne serait compté que pour 4 + 1 de salaire assurable. En prenant toujours les mêmes bases de détermination du salaire, il est accordé en cas d'incapacité absolue permanente, une rente égale aux 2/3 de ce salaire. S'il y a incapacité partielle permanente ou temporaire, la victime ne reçoit qu'une fraction du salaire, proportionnelle à la gravité des blessures ou des infirmités. C'est ici que se produisent de nombreuses contestations, la corporation se montrant peu bienveillante pour l'ouvrier.

En cas de mort de la victime, la famille reçoit comme frais funéraires une somme égale à 20 fois le salaire quotidien calculé comme il est dit ci-dessus.

Le conjoint survivant touche une rente égale à 20 p. 100 de ce salaire à partir du jour du décès ; la rente s'éteint si un nouveau mariage est contracté par la veuve qui alors reçoit une dernière fois le triple de sa rente annuelle.

Chaque enfant a droit jusqu'à 15 ans, à 15 p. 100 du salaire du père, et s'il vient à perdre sa mère, à 20 p. 100.

Les pensions cumulées de la mère et des enfants ne doivent pas dépasser 60 p. 100.

Les ascendants qui étaient à la charge du défunt

non marié ou veuf et sans enfants, reçoivent une
pension de 20 p. 100.

Autriche

Le droit commun autrichien ne rend le patron
responsable que de sa faute personnelle. En 1877
un projet du gouvernement, tendant à créer une
présomption de faute contre le patron, ne fut pas
adopté. Sous l'influence des idées allemandes, un
nouveau projet présenté en 1883 aboutit après de
nombreuses discussions et modifications à la loi
du 28 décembre 1887, qui se rapproche sensiblement de la loi allemande de 1884, consacrant
comme elle le risque professionnel avec assurance
obligatoire. D'autres lois des 28 juillet 1889 et 28
mai 1894 sont venues étendre le domaine de la
loi de 1887 à de nouvelles catégories de travailleurs.

En Autriche comme en Allemagne, des corporations sont substituées aux patrons, mais tandis
qu'en Allemagne, celles-ci sont professionnelles,
comprennent tous les patrons d'une industrie
déterminée, et n'ont d'autres limites que celles de
l'empire, en Autriche, elles sont territoriales et
chacune d'elles embrasse toutes les industries
d'une circonscription déterminée, une province
par exemple. La loi allemande crée des mutualités
de chefs d'entreprise exerçant la même profession,
l'Autriche crée des divisions territoriales et groupe
en union mutuelle tous les industriels de chaque
région. Les entreprises de chemins de fer seules
se trouvent en dehors de ce groupement par cir-

conscriptions et forment une mutualité professionnelle.

Dans les deux pays, la loi donne une énumération des industries assujetties au nouveau principe du risque professionnel. Les lois de 1889 et 1894 viennent ajouter à la liste, les ouvriers mineurs, les ouvriers des chemins de fer, des bateaux à vapeur, des théâtres, les tailleurs de pierre, etc. Les exploitations agricoles et forestières ne rentrent dans le cadre de la loi que lorsqu'elles comportent l'emploi de machines.

Le droit à indemnité est acquis dès que l'accident s'est produit, à moins que l'ouvrier ne l'ait volontairement déterminé. L'intention criminelle du patron laisse subsister sa responsabilité civile pourvu qu'un jugement rendu en matière pénale constate cette intention.

L'indemnité est payée sur la caisse de secours en cas de maladie si l'incapacité de travail ne dépasse pas quatre semaines ; à partir de la cinquième semaine, les rentes à payer sont à la charge des caïsses des corporations.

Le montant des pensions est un peu moins élevé en Autriche qu'en Allemagne. Les incapacités absolues du travail donnent lieu à une rente égale à 60 p. 100 du salaire (en Allemagne 66 p. 100). Les rentes à la veuve, aux enfants, aux ascendants sont dues dans les mêmes conditions qu'en Allemagne et sont au même taux, mais en cas de cumul, elles ne peuvent dépasser 50 p. 100 du salaire de la victime (en Allemagne 60 p. 100).

Le bureau de la corporation provinciale statue en premier ressort sur le droit à indemnité. Un tribunal arbitral juge en appel et sa décision peut encore être réformée par le tribunal civil de la région. Il n'existe pas en Autriche d'office impérial des assurances.

A part ces différences, les mêmes règles sont applicables en Allemagne et en Autriche. L'organisation financière présente certaines différences que nous étudierons plus loin.

Norvège

Après l'Allemagne et l'Autriche, la Norvège est la troisième nation qui, ne se bornant pas à substituer au droit commun de la responsabilité civile les principes du risque professionnel, a complété son œuvre par l'organisation des assurances sociales obligatoires. Cette innovation a été réalisée par la loi du 23 juillet 1894 qui est entrée en vigueur le 1er janvier 1895.

Auparavant, le droit commun n'accordait une réparation à la victime d'accident que lorsqu'elle pouvait reprocher une faute personnelle au patron : celui-ci ne répondait pas de la faute de ses préposés et commis. Cependant quelques lois spéciales faisaient une situation plus favorable aux ouvriers : lois sur les mines, du 14 juillet 1842 ; sur les chemins de fer, du 7 novembre 1854. Un projet concernant le risque professionnel et l'assurance obligatoire, déposé par le gouvernement en 1890, a abouti au vote de la loi du 3 juillet 1894.

Sont protégés par la nouvelle loi, tous les ouvriers et employés des fabriques, usines, installations mécaniques, mines, carrières, chantiers de constructions de toute nature, les manœuvres employés à la manutention des fardeaux, les ramoneurs et les sociétés de sapeurs-pompiers.

Comme en Autriche, réparation est due par le patron lorsqu'il y a accident entraînant une incapacité de travail de plus de quatre semaines. Pendant les quatre premières semaines, les caisses de maladies sont chargées de pourvoir aux secours à allouer aux victimes.

Outre les frais de traitement, le patron doit payer :

1° En cas d'incapacité totale de travail, une rente de 60 p. 100 du salaire du blessé, sans que cette rente puisse dépasser 150 couronnes par an (195 francs).

2° En cas d'incapacité partielle, une rente en proportion de cette incapacité.

Lorsque la victime est décédée, outre une indemnité funéraire de 50 couronnes, il est dû :

1° Au conjoint survivant une pension égale à 20 p. 100 du salaire du défunt.

2° A chacun des enfants légitimes, jusqu'à l'âge de 15 ans révolus une pension égale à 15 p. 100 du salaire. Elle serait portée à 20 p. 100 en cas de décès de l'autre parent.

Les pensions cumulées par plusieurs ayants-droit ne doivent pas dépasser 50 p. 100 du salaire.

Suisse

La responsabilité des chefs d'entreprise est régie par les lois des 25 juin 1881 et 26 avril 1887. Une loi du 1ᵣ juillet 1875, aujourd'hui abrogée, n'était pas générale, ne visait que les entreprises de chemins de fer et de bateaux à vapeur, et, pour dégager sa responsabilité lorsqu'un accident était survenu, le patron devait prouver qu'il n'était pas en faute, c'est-à-dire que l'accident résultait d'un cas fortuit ou de force majeure, ou bien de la faute de la victime ou d'un tiers.

Une autre loi féodale du 23 mars 1877 ne réglait que provisoirement la question de responsabilité : le propriétaire de fabriques, dans certains cas déterminés répondait non-seulement de sa faute personnelle, mais aussi de celle de ses préposés et même des cas fortuits. Il était d'ailleurs présumé en faute, sauf à lui à faire tomber cette présomption en prouvant la faute de l'ouvrier.

Les lois de 1881 et 1887 sont plus générales bien que n'embrassant pas cependant toutes les industries. Les dispositions de la première de ces lois qui ne vise que les fabriques, comme la loi de 1877, ont été étendues en 1887 aux industries du bâtiment et aux ateliers et chantiers accessoires, aux industries qui produisent ou emploient des matières explosibles, aux transports par terre et par eau autrement que par bateau à vapeur, à la pose et à la réparation des fils télégraphiques et téléphoniques, au montage et au démontage des machines, à la construction des chemins de fer, ponts, routes, tunnels, à l'exploitation des carrières et des mines (art. 1er loi 1887), pourvu que les entreprises occupent plus de cinq ouvriers. Les entreprises de l'Etat, des cantons et des communes sont comprises dans cette énumération légale.

Une simple présomption de faute est établie contre le patron. Il répond en outre des cas fortuits mais non de la force majeure, pourvu qu'il la prouve. Lorsqu'il y a cas fortuit, sa responsabilité est d'ailleurs atténuée et la loi fixe en ce cas un maximum d'indemnité.

La Suisse, parmi les nations, est entrée la première dans la voie des modifications aux règles du droit commun, mais elle n'a jusqu'ici, qu'incomplètement sanctionné la théorie du risque professionnel, laissant soumise au droit commun la faute de la victime, sauf toutefois présomption de faute contre le patron avec renversement de la preuve que ce dernier doit fournir.

Cette législation a entraîné des difficultés d'application et depuis le dépôt du projet de loi Forrer, il est question de réorganiser la responsabilité des chefs d'entreprise par la rectification du système allemand sur le risque professionnel et les assurances-accidents.

D'après le projet de M. Forrer, tout ouvrier, âgé de plus de 14 ans et dont le salaire annuel ne dépasserait pas 5,000 francs, aurait toujours droit en cas d'accident, à une indemnité pécuniaire.

L'incapacité permanente absolue de travail donnerait droit à une rente égale aux deux tiers du salaire annuel.

Angleterre

L'Angleterre, par une loi récente du 6 août 1897, est entrée dans la voie des réformes avant beaucoup d'autres pays où cette question des accidents du travail est posée et discutée depuis de nombreuses années devant les Chambres. Elle a consacré le droit pour l'ouvrier d'obtenir réparation, sans qu'il y ait à considérer la négligence ou l'imprudence de la victime.

Avant d'analyser les principales dispositions de la loi, donnons un aperçu de la législation antérieure.

Avant 1880, le principe sur lequel était basée la responsabilité était celui-ci : Le chef d'industrie pouvait être condamné à des dommages-intérêts si les blessures de la victime étaient causées par un accident occasionné par la faute ou la négligence de l'industriel ou d'un de ses préposés.

Mais ce principe était interprété d'une façon très dure pour l'ouvrier : On disait en effet, que ce dernier, entrant dans un atelier, avait du se renseigner sur le mode d'exploitation, l'état de l'outillage, les mesures préventives organisées par l'entrepreneur. Il était censé avoir accepté la situation qu'il avait trouvée lors de son entrée, et si, par suite du mauvais état d'une machine, par exemple, un accident se produisait et venait à le blesser, il était considéré comme ayant prévu ce risque et comme l'ayant pris à sa charge. — Il en était de même lorsqu'il y avait faute du préposé du patron. Du moment que le chef d'industrie avait exercé son contrôle et sa surveillance comme il avait coutume de le faire lorsque l'ouvrier blessé avait été loué, celui-ci avait pu prévoir le risque qu'il courait et l'avait volontairement accepté. En somme, l'employeur ne répondait que de sa faute lourde, et la faute de ses préposés ne l'engageait que dans des cas limités. L'ouvrier avait du reste la charge de la preuve.

Une loi de 1880 était venue cependant un peu

limiter les effets de cette interprétation. En 1894, M. Asquith avait proposé un bill en vue de donner aux ouvriers des droits plus sérieux et moins contestables, mais le projet fut rejeté par la Chambre des Lords par ce motif que les entrepreneurs étaient toujours libres de contracter sous telles conditions spécialement déterminées et qu'une loi ne pouvait leur enlever ce droit.

La nouvelle loi de 1897 est due à l'initiative et aux efforts d'un chef d'industrie de Birmingham, membre du Parlement, M. Chamberlain. qui déjà, lors du bill Asquith, s'était prononcé fermement pour l'idée d'une réparation à accorder, dans tous les cas d'accident, à l'ouvrier blessé.

Désormais les patrons répondent de tous les accidents industriels quels qu'ils soient, qu'ils résultent d'une faute, d'un cas fortuit et même de force majeure, à moins que l'ouvrier n'ait commis une faute lourde ou n'ait manqué volontairement à ses devoirs. Les entrepreneurs sont également responsables s'ils ont traité avec un sous-entrepreneur, ou si l'accident est imputable à un de leurs préposés ou à un tiers (dans ce cas la victime peut actionner à son choix les auteurs du sinistre ou l'industriel), sauf recours contre ceux-ci lorsqu'ils ont payé.

La loi n'est applicable qu'à des industries spéciales : Chemins de fer, fabriques, mines, carrières, constructions, travaux mécaniques. Elle est également applicable à l'Etat sauf en ce qui concerne les services militaire ou naval de la Couronne. Il faut aussi que l'ouvrier ait été incapable de travailler pendant une période de deux semaines au moins.

L'indemnité est fixée à forfait : elle peut aller jusqu'à moitié du salaire ordinaire, mais ne peut dépasser une livre sterling par semaine. En cas de mort, la famille de la victime a droit à une indemnité représentant trois années de salaire, sans qu'elle puisse cependant excéder 300 livres sterling ni tomber au-dessous de 150. En cas de faute lourde de l'employeur ou de son préposé, il est dû réparation entière du préjudice causé.

Les contestations qui peuvent naître à l'occasion de la loi sont soumises à une juridiction arbitrale expéditive et à bon marché.

L'ouvrier conserve toujours un recours devant le tribunal civil de droit commun, en vertu des lois antérieures si l'accident dont on demande réparation rentre bien dans les termes de ces lois. S'il n'en est pas ainsi, il peut néanmoins être accordé une indemnité en vertu de la nouvelle loi, mais dans ce cas la victime pourrait être condamnée à supporter tous les frais qui auraient été évités s'il eût eu recours à la procédure arbitrale.

SECTION II

Des pays où la question du risque professionnel est posée devant les Parlements

Ce sont : l'Italie, la Belgique, les Pays-Bas, le Danemarck (1), la Suède et l'Espagne.

----

(1) La question a été récemment tranchée dans ce pays par une loi récente, voir 3ᵉ partie.

Comme en France, les projets de loi sur la matière des accidents ne concernent pas seulement le risque professionnel, mais aussi les assurances-accidents qui feront l'objet d'une autre partie de notre thèse.

Italie

Les articles 1151 et 1153 du Code civil italien reproduisent à peu près les dispositions des articles 1382 et suivants de notre Code civil ; l'interprétation de la jurisprudence italienne est d'ailleurs conforme à celle de la jurisprudence française.

De nombreux projets ont été discutés au Sénat et à la Chambre depuis 1885. Un premier projet, voté par celle-ci le 15 juin 1885, mais qui au Sénat ne put aboutir, tendait au renversement de la preuve en matière d'accidents. Puis vinrent successivement les projets Miceli (8 février 1890), Chimirri (13 avril 1891), Lacova (10 décembre 1892) consacrant le risque professionnel d'une façon plus ou moins étendue et se caractérisant par de nombreuses dispositions relatives aux mesures préventives.

Un autre, du 13 juin 1895, dont M. Chimirri était rapporteur, fut voté par la Chambre des députés en 1896, mais un contre-projet, déposé au Sénat, l'empêcha d'aboutir. M. Guiciardini, ministre de l'agriculture, de l'industrie et du commerce déposa alors sur le bureau du Sénat un dernier projet dont le rapporteur fût M. Vachelli, sénateur. Il vient d'être adopté par cette Assemblée avec quelques modifications de détail.

Le projet vise les industries extractives, les chantiers de constructions terrestres et navales, les entreprises de transport, les usines et fabriques où il est fait usage de moteurs et où l'on emploie plus de cinq ouvriers.

Le patron répond des accidents survenus par cas fortuits ou dus à des imprudences ou négligences commises pendant l'exécution du travail. La faute lourde du patron donne lieu au profit de l'ouvrier à une indemnité calculée selon les règles du droit commun de la responsabilité civile, pourvu qu'à l'occasion de cette faute, une action publique ait été exercée et ait abouti à une condamnation correctionnelle. (Dans le calcul de l'indemnité, déduction serait faite, bien entendu, de la somme déjà touchée par suite de l'assurance obligatoire contractée au profit de l'ouvrier par l'entrepreneur).

De son côté, l'ouvrier condamné correctionnellement pour dol ne peut réclamer l'indemnité à raison de ses blessures.

En cas de mort de la victime, il est accordé à ses héritiers une indemnité égale à cinq fois le salaire annuel de la victime ; — en cas d'incapacité permanente absolue de travail, une indemnité égale à la précédente et d'au moins 3,000 livres ; — en cas d'incapacité permanente partielle, une indemnité égale à cinq fois le salaire perdu ; — en cas d'invalidité temporaire absolue, il est versé quotidiennement une indemnité égale à moitié du salaire journalier ; enfin en cas d'invalidité temporaire partielle, une allocation égale à moitié du salaire perdu. Le maximum de salaire annuel sur lequel on se base pour déterminer l'indemnité, est fixé 2,000 lires.

Belgique

La responsabilité civile de droit commun est régie par les mêmes règles qu'en France.

Une commission spéciale a préparé un projet que le gouvernement a déposé à la Chambre des représentants le 13 août 1891. Ce projet qui vise le risque professionnel et les assurances n'a encore abouti à aucun vote.

Pays-Bas

En Hollande, où les règles de la responsabilité du patron sont actuellement à peu près les mêmes que chez nous, le gouvernement, à la suite d'une grande réunion ouvrière tenue à la Haye le 5 mars 1895, a déposé au mois de février 1897 un projet relatif au risque professionnel et aux assurances. Il ne vise que les industries dangereuses comme les mines, la fabrication des matières explosives, la navigation, les transports, les travaux de bâtiments, les constructions navales, etc.

Lorsque la victime est décédée, il est d'abord versé comme indemnité funéraire 10 pour cent de salaire annuel, puis une rente de 30 pour cent est accordée au conjoint, une pension de 15 pour cent aux enfants légitimes, et enfin, à défaut de conjoint ou enfants légitimes, aux ascendants qui étaient à la charge du défunt, une pension de 30 pour cent du salaire.

L'incapacité totale de travail donne lieu à une rente de 70 pour cent du salaire ; en cas d'incapacité partielle, l'indemnité est proportionnelle au degré d'incapacité.

Les pensions ne sont dues qu'à partir du quarante-troisième jour de l'accident.

Danemark

D'après le droit commun, applicable à notre matière, le patron ne répond que de sa faute personnelle et de celle de ses préposés.

En 1890, un projet déposé par le gouvernement fut adopté par le Landsthing (Sénat). Renvoyé au Folkething (Chambre des députés) il se heurta à un autre projet déposé par un membre de cette Chambre, et il ne put aboutir. Il n'excluait du risque professionnel que la faute lourde, celle-ci ne donnant aucun droit à indemnité.

En 1895 deux autres projets furent déposés : l'un par un socialiste, M. Harald Jensen, l'autre par un radical M. Christensen Stadil et un membre de la droite M. Bramsen. Le 1er n'avait aucune chance d'aboutir, aussi n'en étudierons-nous point les dispositions. Le second pose le principe de l'assistance de tout ouvrier blessé par suite d'un accident dont il n'est point la cause, quand même les blessures auraient été occasionnées en dehors du travail. A cet égard il y a une exagération que le comité chargé de l'examen du projet, ne pouvait accepter. De même le comité a repoussé la portée trop générale de la loi qui embrasse tous les ouvriers sans distinction et s'est rattaché à l'idée que les industries dangereuses seules doivent être soumises aux nouveaux principes (1).

Suède

En Suède, une seule loi, spéciale aux marins et aux ouvriers des chemins de fer, contient des dispositions dérogatoires au droit commun qui n'accorde réparation qu'au cas de faute personnelle du patron, sans que celui-ci soit en aucune façon tenu de la faute de ses préposés.

Le trois octobre 1884, une commission extra-parlementaire chargée par le gouvernement d'étudier les réformes qu'il serait utile d'apporter en matière de réparations à accorder aux ouvriers blessés, rédigea un rapport qui aboutit à un projet présenté aux Chambres le 12 mars 1890. Après de nombreuses discussions à différentes reprises, il ne put aboutir et la question est toujours pendante. Le projet ne refuse d'indemnité que si l'accident a été intentionnellement provoqué par la victime. Il accorde une indemnité fixe, en se basant sur le salaire, à l'ouvrier blessé, et en cas de décès à sa veuve et à ses enfants.

Espagne

Le droit actuel concernant la responsabilité est le même qu'en France.

Une commission dite « des Réformes sociales » instituée en 1883 pour étudier les réformes applicables à la législation industrielle, avait abouti en

---

(1) Voir 3e partie la loi récente votée en Danemark en matière d'accidents, page

1886 à un projet qui fut dans la suite complété et présenté à nouveau par son rapporteur, M. San-roma, sous le titre de « projet relatif à la responsabilité industrielle ». En 1894, dépôt d'un nouveau projet actuellement pendant. On ne déroge au droit commun qu'en ce qui concerne les accidents professionnels proprement dits, c'est-à-dire ceux qui résultent d'une cause fortuite ou d'une force majeure. Des tribunaux spéciaux apprécient le montant de l'indemnité sans pouvoir dépasser un maximum et descendre au-dessous d'un minimum fixés par le projet.

APPENDICE

Législation en matière d'accidents en Russie

Plusieurs commissions dont la première date de 1859 ont été chargées d'élaborer des projets qui n'ont donné lieu à aucune promulgation. Cependant le réglement provisoire sur le louage d'ouvrage, sanctionné par l'empereur en 1861, contient quelques dispositions concernant la responsabilité du patron à l'égard de tout ouvrier blessé et devenu invalide, et pose ainsi le principe du risque professionnel.

En 1889, le conseil de l'empire a été saisi d'un projet rédigé par le conseil du commerce et des manufactures. Le patron, propriétaire d'établissement industriel, répond des accidents survenus à un ouvrier pourvu que celui-ci prouve contre l'entrepreneur une infraction aux règlements, ou le mauvais état des machines, ou l'absence de mesures préventives. L'industriel répond aussi de la faute de ses préposés. Il est établi un tarif d'indemnité.

TROISIÈME PARTIE

DES ASSURANCES CONTRE LES ACCIDENTS DU TRAVAIL

Le risque professionnel a déplacé le principe de la responsabilité. Tandis que la responsabilité civile des articles 1382 et suivants du Code civil est basée sur une faute commise, le risque professionnel se justifie par l'idée que l'accident est une conséquence inévitable de l'exploitation industrielle moderne qui doit en supporter la charge. Le risque professionnel s'écarte du droit civil pur, touche au droit public et rentre dans le domaine des questions sociales. On se trouve alors amené à l'examen d'un autre problème. Le droit à une indemnité étant reconnu dans tous les cas à un ouvrier blessé, la loi doit-elle s'en tenir à cette déclaration ? Ne doit elle pas aller plus loin, assurer à la victime l'efficacité de son droit, et lui garantir le paiement de son indemnité ? L'ouvrier protégé contre les risques d'accidents se trouve par là même en présence d'un nouveau risque, celui de l'insolvabilité de son patron, son débiteur éventuel, et à cet égard, n'est-il pas nécessaire d'organiser de nouvelles mesures protectrices si l'on veut tirer logiquement du risque professionnel toutes les conséquences qu'il comporte et ne pas s'en tenir à la consécration théorique d'un droit, illusoire satisfaction accordée au travailleur ?

Nous allons aborder l'examen de cette question complexe qui soulève nombre de difficultés d'ordre juridique, économique et social.

CHAPITRE PREMIER

Assurance facultative

Actuellement en France, sous le régime de la responsabilité civile, le patron n'est pas tenu de contracter des assurances en faveur de ses ouvriers, pas plus qu'il n'est tenu de s'assurer lui-même contre sa responsabilité.

Le risque professionnel admis dans nos lois, et mis à la charge de l'industrie, on peut concevoir que l'entrepreneur soit laissé absolument libre de supporter cette nouvelle charge comme il l'entend. Sa responsabilité n'est qu'aggravée et il peut en soutenir le poids s'il le veut, ou bien il a faculté de se couvrir au moyen d'une assurance, d'un risque qu'il trouverait trop lourd, mais sans que cette assurance lui soit jamais imposée.

SECTION I

Modes d'assurances

Dans le cas où l'industriel voudrait se couvrir du risque professionnel, il pourrait recourir aux modes suivants d'assurance :

1° Assurance par les Compagnies privées.

Beaucoup de chefs d'entreprises ont actuellement devancé la loi et ont convenu de bonne foi que l'exploitation devait, sinon répondre des conséquences de tous les accidents, du moins y participer dans une certaine mesure. Ils ont alors spontanément contracté des assurances pour les ouvriers en même temps qu'ils se sont assurés contre leur responsabilité civile. C'est *l'assurance collective* qui comprend ainsi deux éléments : *a)* couverture du risque que court le patron selon le droit commun, *b)* couverture du risque que courent les ouvriers et dont le patron n'est pas responsable. Dans le premier cas, l'industriel stipule pour lui, dans le second, pour ses ouvriers, et, ici, ce n'est pas celui qui stipule qui est assuré, mais les ouvriers, bien qu'ils n'aient pas contracté. La prime collective est payée par les patrons aux Compagnies qui refusent de traiter directement avec les ouvriers, souvent insolvables, changeant souvent d'usine ou de métier, mais en cas d'accident, l'indemnité leur est payée directement. Le patron prélève en partie la prime sur les salaires : s'il néglige de la payer, il peut être considéré, en vertu d'une convention tacite, comme le propre assureur de ses ouvriers. Nous négligeons de donner de plus amples détails sur l'assurance collective qui ne rentre qu'indirectement dans notre sujet.

2° Assurance par une Caisse d'Etat.

Une caisse d'assurance contre les accidents a été créée par la loi du 11 juillet 1868. Moyennant des tarifs généralement inférieurs à ceux des Compagnies privées, cette caisse d'Etat assure actuellement l'ouvrier contre les risques professionnels, mais non le patron contre les risques de sa responsabilité. De là son peu de succès, les deux sortes d'assurances étant généralement faites par un seul contrat.

Si une loi venait consacrer le risque professionnel, faudrait-il maintenir cette caisse d'Etat ?

Les uns le demandent instamment, cette caisse étant destinée à faire échec aux abus des Compagnies privées. On reproche en effet à celles-ci d'avoir des tarifs exagérés, obligées qu'elles sont de rénumérer le capital social et d'entretenir de nombreux agents chargés de recueillir les souscriptions. On leur reproche encore d'être trop processives, toujours disposées à soulever des difficultés pour se soustraire au paiement des indemnités et à introduire dans leurs polices quantité de clauses de déchéance.

Mais, disent les adversaires de l'intervention de l'Etat en matières d'assurances, s'il est vrai que de nombreux agents sont entretenus par les Compagnies, ils répandent de plus en plus les bienfaits de l'assurance ; quant à la rémunération du capital social, elle n'est qu'une juste compensation donnée aux capitaux confiés aux Compagnies, qui leur permettent d'exécuter fidèlement leurs engagements. D'autre part, il est de leur intérêt de ne pas soulever sans raisons sérieuses des contestations et des procès. Les clauses de déchéance ne sont guère invoquées, et en tout cas, elles sont la plupart du temps rejetées par les tribunaux. Enfin l'exagération du tarif des primes que certaines Compagnies seraient tentées d'imposer à leurs clients trouverait bien vite un contrepoids dans la concurrence des autres Compagnies et la concurrence simultanée de l'Etat serait superflue.

On peut d'ailleurs faire de graves objections à l'intervention de l'Etat en matière d'assurance :

D'abord l'Etat n'arriverait pas à remédier aux inconvénients de l'assurance par les Compagnies en supposant que ces inconvénients existent réellement : En effet, il est bien établi que malgré l'absence de toute vue spéculative de l'Etat, il n'arrivera pas à faire des concessions très avantageuses à ses clients. Toute exploitation par l'Etat est toujours très onéreuse pour lui, et pour ne parler que de l'assurance, elle exigera la création d'une vaste organisation administrative, la nomination de nombreux fonctionnaires, dont la rétribution absorbera une grande partie des primes, et tous ces frais pourraient bien, en fin de compte, être supérieurs à ceux des Compagnies privées. La rémunération du capital social et le but spéculatif qui est reproché à celles-ci coûteront moins cher aux assurés qu'une administration d'Etat. La caisse d'assurance créée en 1868 nous en offre un exemple ; elle n'a pas prospéré, et elle n'a pu entraver le développement des grandes Compagnies privées.

La conception de l'Etat assureur est en outre une étape vers le socialisme, et il est à craindre qu'on ne dénature les caractères essentiels de l'assurance en en faisant une œuvre d'assistance alimentée par l'impôt plutôt que par la prime. L'Etat, pour favoriser l'ouvrier, aurait une tendance à abaisser les primes, et, dans le même esprit de

bienveillance, il négligerait de faire valoir ses intérêts en cas de réclamation d'indemnité. Mais pour
faire face à tous les frais d'administration, à toutes les exigences, les sommes encaissées pourraient bien être insuffisantes, et comme dernière
ressource, il faudrait recourir à l'impôt : le contri-
buable serait l'assureur. Sans doute l'Etat, au
moyen de l'impôt, s'y retrouvera toujours et fera
une concurrence efficace aux Compagnies, mais il
serait dangereux pour lui de recourir à ce moyen
qui est d'ailleurs le seul que celles-ci aient à
redouter. Que l'Etat, en effet, ne songe pas à
recourir à ce moyen extrême, et veuille, en maintenant suffisamment élevé le taux des primes,
faire face aux charges de l'assurance, les Compagnies auront beau jeu, car elles exploitent à moins
de frais ; elles pourront donc soutenir la concurrence de l'Etat et même lui enlever une partie de
ses clients. — Que l'Etat vienne enfin à tirer un
bénéfice de l'assurance. Il s'attirera le grave
reproche de se livrer à une spéculation, d'imposer
des primes non représentatives des risques cou-
rus, et sur ce terrain encore, les Compagnies privées l'emporteront puisqu'elles pourront, en
exigeant des primes moins fortes que la caisse
d'Etat, réaliser cependant des bénéfices égaux, et
elles auront encore l'espérance de voir augmenter
le nombre de leurs assurés.

L'assurance par l'Etat en dernier lieu, fait affluer
les capitaux dans les caisses du Trésor et immo-
bilise des sommes considérables que les Compagnies seraient mieux à même de faire fructifier en
les remettant en circulation.

3° Assurance par les syndicats de garantie, les syndicats d'assurance mutuelle, les sociétés coopératives d'assurances et autres sociétés de prévoyance.

a) Le syndicat de garantie laisse intacte la responsabilité de chacun de ses membres entre lesquels il n'existe pas, à proprement parler, d'association, de mutualité. Le syndicat n'est pas substitué à ceux qui le composent. Il n'y a pas non plus d'assurance véritable. Il n'y a ni admistration, ni primes à payer, mais les membres du syndicat se sont simplement engagés solidairement au paiement des indemnités. Chacun doit payer la dette qui lui est propre, les autres n'étant obligés qu'au cas où le débiteur principal deviendrait insolvable, ce qui arrive rarement. On aboutit ainsi, sans frais, par un simple lien de solidarité entre industriels, à donner à l'ouvrier une garantie très efficace.

b) Le syndicat d'assurances mutuelles se forme par l'union de patrons exerçant généralement la même profession, qui se groupent en vue de réaliser l'assurance par eux-mêmes. Ce groupement représente à peu près la corporation allemande, avec cette différence toutefois que celle-ci n'est pas libre, mais forcée, imposée par la loi. Les syndicats d'assurances mutuelles fonctionnent comme les compagnies privées, toutefois les frais d'employés étant moins élevés, les primes sont plus faibles.

Ces sociétés se sont toujours montrées très bienveillantes à l'égard de l'ouvrier, désireuses d'éviter les procès et d'opérer à l'amiable le règlement des indemnités. Il est regrettable qu'elles ne soient guère développées, car elles peuvent faire une concurrence sérieuse aux Compagnies privées et remédier à ce qu'il pourrait y avoir de fondé dans les griefs qu'on oppose à celles-ci.

Plusieurs essais de mutualités ont été tentés et ont prospéré :

En 1859, les entrepreneurs de maçonnerie du département de la Seine ont fondé une association de ce genre qui fonctionne actuellement encore avec succès.

Le Comité des forges de France peut être considéré comme le modèle de ces associations d'assurances mutuelles. Il a commencé à fonctionner en 1891 et n'a cessé de prospérer. Durant les congrès internationaux des accidents du travail, il en a été fait, à diverses reprises, un éloge mérité. Voici quelques-uns de ses résultats en 1896 :

Le nombre des établissements assurés était de 48 ; ils employaient 58,353 ouvriers auxquels il a été versé 69.312.000 francs de salaires.

Sur 953 accidents déclarés, 504 ont été indemnisés.

Résultats financiers :

	En 1896	En 1895
Salaires assurés..........	69.312.000 fr.	66.123.000 fr.
Recettes totales.......,.·..,	1.487.000 fr.	1.441.778 fr.
Cotisations des sociétaires.	930.000 fr.	876.549 fr.
Dépenses totales.....	818.881 fr.	910.751 fr.

Depuis 1892 jusqu'à la fin de 1896, la moyenne des indemnités payées par accident, c'est-à-dire par ouvrier tué ou blessé, est de 1.780 francs.

Parmi les syndicats d'assurances mutuelles, citons enfin les associations de carriers et entrepreneurs de plomberie et de couverture, du département de la Seine, et le comité central des houillères.

c) Les sociétés coopératives d'assurances. conviennent particulièrement aux petits patrons, les autres modes précités d'assurances par les intéressés convenant de préférence aux grands industriels. Pour l'entrepreneur qui n'occupe que quelques ouvriers, la coopération peut-être un moyen d'assurance aussi efficace que l'assurance par les grandes Compagnies privées ou par l'Etat. Ne voit-on pas aujourd'hui, en effet, les sociétés coopératives arriver progressivement, par le drainage des petits capitaux, à devenir de puissantes sociétés pouvant tenir tête aux plus fortes entreprises ? En matière d'assurances-accidents, des industriels se grouperaient entre eux dans une certaine circonscription et formeraient, au moyen de cotisations assez minimes fournies par les adhérents, une caisse de secours-accidents fonctionnant comme les caisses actuelles de secours en cas de maladies.

Il serait désirable que l'Etat vint favoriser le développement de ces sociétés coopératives, et les économistes abstentionnistes ou libéraux. n'y voient pas d'inconvénient, mais au contraire, ils considèrent son intervention comme une condition de leur prospérité. « L'Etat, dit M. Léon Say, doit avoir la préoccupation constante des sociétés de secours mutuels. Il peut au besoin leur prêter les secours de son organisation administrative ; il n'y a là rien qui doive effrayer un économiste, mais c'est à la condition de respecter la liberté individuelle. » (Le socialisme d'Etat, Say, p. 214).

SECTION II

Charges financières de l'assurance facultative.

Sous le régime actuel de la responsabilité civile, le patron qui contracterait une assurance collective pourrait prélever sur le salaire le montant de la prime destinée à assurer l'ouvrier contre le risque professionnel qui est à la charge de celui-ci. Mais nous avons vu que beaucoup d'industriels considèrent qu'ils doivent, dans une certaine mesure, prendre à leur charge le risque professionnel, et lorsqu'ils contractent une assurance collective, ils se contentent de prélever sur le salaire une partie de la prime seulement.

Si une loi venait rendre l'entreprise industrielle responsable de tous les accidents du travail, le patron ne serait plus fondé à faire participer l'ouvrier au paiement de la prime d'assurances, et il ne pourrait se couvrir que par un abaissement des salaires.

CHAPITRE II

___

De la garantie obligatoire. — Etat de la question devant le Parlement français.

SECTION I

Du risque d'insolvabilité.

Le risque professionnel législativement consacré ne suffit pas pour accorder à l'ouvrier une sécurité complète. Lorsqu'un accident se produira, le patron devra payer une indemnité à la victime ; mais qu'il devienne insolvable, qu'il tombe en faillite par exemple, l'ouvrier n'aura qu'un droit illusoire. Il court donc un nouveau risque, celui de l'insolvabilité de l'entrepreneur, et il est nécessaire qu'ici encore, la loi intervienne dans un but de protection, car il serait dangereux de trop compter sur l'initiative et le bon vouloir des chefs d'industrie.

Cette garantie reconnue nécessaire, suppose, dans une certaine mesure, pour sa réalisation, l'intervention de l'Etat. On s'attire, il est vrai, un grave reproche, celui d'ouvrir la porte au socialisme d'Etat. Il est difficile de se défendre de ce grief, mais cette intervention est devenue indispensable pour donner une sécurité complète à l'ouvrier, et nous ne pouvons que nous efforcer de la restreindre le plus possible. Nous ne l'approuvons que dans la mesure où elle est devenue nécessaire, et nous repoussons tout système qui permettrait à l'Etat de prendre directement en mains la cause de l'ouvrier en restreignant arbitrairement la liberté du patron et en se substituant à lui plus ou moins directement.

SECTION II

Organisation de la garantie obligatoire.

Il s'agit de rechercher comment on en arrivera à garantir l'ouvrier du risque d'insolvabilité du patron et quelle sera la mission de l'Etat.

L'Etat qui a imposé la garantie doit veiller à ce qu'elle soit fournie, mais son intervention se bornera là, et sur les modes d'assurance, il laissera toute initiative aux intéressés pourvu qu'ils aient exactement rempli leur obligation.

Le chef d'industrie pourra, par exemple, comme en cas d'assurance facultative, user des modes suivants d'assurance :

a) Il pourra être son propre assureur s'il présente de fortes garanties de solvabilité. L'Etat, pour assurer l'exécution de la loi et ménager les intérêts des ouvriers, aura le droit d'exiger le dépôt d'un cautionnement dans les caisses du Trésor et de contrôler dans une certaine mesure les opérations des assureurs.

b) Le syndicat de garantie conviendrait à ceux qui n'offriraient pas des garanties suffisantes pour rester leurs propres assureurs, ou qui ne voudraient pas immobiliser les fonds nécessaires à la constitution d'un lourd cautionnement. Un engagement solidaire pris par plusieurs chefs d'entreprise permettrait à l'Etat de n'exiger qu'un cautionnement léger.

c) Les industriels auraient la faculté de se grouper en syndicats professionnels d'assurances mutuelles, formés librement, sans qu'ils puissent être imposés par la loi. Le groupement forcé ne serait autre que la corporation mutuelle allemande dont nous ferons plus loin ressortir les inconvénients.

d) La société coopérative d'assurances serait applicable aux petits patrons. Elle pourrait recevoir de l'Etat des subventions comme il en est accordé actuellement aux sociétés de secours mutuels.

e) Il sera toujours permis de contracter une assurance près des compagnies ou sociétés privées d'assurances, commerciales ou philanthropiques. Ces dernières méritent les faveurs de la loi et seront encouragées. Sur les premières, l'Etat exercera son contrôle, et, pour parer au risque de leur insolvabilité, on pourra leur imposer le dépôt d'un cautionnement, comme garantie d'une bonne gestion financière.

Il faudrait aussi les empêcher d'invoquer ces mesures multiples de déchéance qu'elles ont coutume d'introduire dans leurs polices. Elles se sont d'ailleurs rendues à cette nécessité, et un comité par elles constitué a déclaré en leur nom, le 9 mars 1891, lors de la délibération d'un projet de loi sur l'assurance accidents : 1° qu'elles étaient prêtes à ne plus opposer aux ouvriers et à leurs ayants droit les clauses de déchéances des contrats, sauf recours civil vis-à-vis des patrons ; 2° qu'elles consentaient à déposer dans une caisse d'Etat ou dans telle ou telle autre institution placée sous sa surveillance et son contrôle les capitaux destinés à assurer le service des rentes temporaires ou viagères qui seraient fixées par la nouvelle loi au profit de la victime.

f) L'Etat, jusqu'à présent n'est intervenu dans les modes précédents d'assurance que pour surveiller ou contrôler. Ici, en dernier lieu, il viendrait au secours de l'ouvrier contre les patrons qui auraient négligé d'obéir à la loi, et il viendrait frapper ces derniers d'une taxe plus élevée que la prime des compagnies privées ou des sociétés mutuelles. Ainsi l'Etat deviendrait assureur à défaut de tout autre mode choisi par l'industriel. La taxe élevée d'assurance serait exigée comme moyen de coercition, et en la portant à un taux suffisamment haut, il serait bien rare qu'un patron négligeât de prendre d'avance ses précautions et de se soumettre aux conditions imposées par la loi.

Cette conception du rôle de l'Etat moins comme assureur que comme chargé d'appliquer une peine, évite l'accumulation des capitaux dans les caisses du Trésor, avec les inconvénients qui en résultent : immobilisation de capitaux, baisse de l'intérêt, responsabilité énorme.

Ce système qui a été développé par M. Cheysson devant les congrès internationaux du Travail à Berne et à Milan, laisse ainsi toute initiative aux intéressés dans le choix des moyens d'assurance, et atténue, dans la mesure du possible, l'intervention de l'Etat et les dangers du socialisme d'Etat. Il présente à ce point de vue de grands avantages qui méritent d'être pris en considération lors de l'élaboration des projets de lois en matière d'assurance-accidents.

Au point de vue financier, il dégage la responsabilité de l'Etat, évite la création d'une administration compliquée, onéreuse pour les contribuables, source de rancunes et d'impopularité.

Voyons à présent quels ont été les différents systèmes de garantie obligatoire qui ont été proposés devant le Parlement français.

1° Un premier système, voisin de celui que nous venons d'exposer, avait été proposé par M. Dron à la Chambre des députés, le 2 février 1891, à la suite du projet de loi sur la responsabilité en matière d'accidents, déposé par le gouvernement le 28 juin 1890. Il laisse une grande liberté d'action au patron qui peut recourir à l'assurance individuelle sauf cautionnement, à l'assurance par les syndicats mutuels et par les compagnies privées, celles-ci devant organiser une caisse spéciale pour les accidents et renoncer aux clauses de déchéances introduites dans leurs polices. Il n'est point créé de mode d'assurance par l'Etat. La caisse accidents, établie par la loi du 11 juin 1868, est transformée et ne peut plus servir qu'à encaisser les cautionnements et les capitaux nécessaires au service des rentes.

Le Sénat, dans son projet voté en 1890, avait à peu près consacré la même solution, en substituant toutefois aux syndicats d'assurances mutuelles, les syndicats professionnels créés en vertu de la loi du 26 mars 1884, lesquels étaient admis à fonder une caisse-accidents sans aucune autorisation préalable.

2° Le premier texte en matière d'accidents, voté par la Chambre des députés en 1888, permettait l'assurance par soi-même, sauf garanties suffisantes, par les compagnies privées, par les syndicats d'assurances mutuelles, et ne différait du système précédent que par la faculté laissée au patron de s'assurer à la caisse de l'Etat qui n'agit pas ici comme moyen de coercition, mais comme concurrent des compagnies.

Le projet voté par le Sénat, le 24 mars 1896, n'oblige pas non plus le patron à l'assurance pourvu que des garanties de solvabilité soient fournies ; il laisse d'ailleurs subsister les modes précités d'assurance, même la caisse de l'Etat, accordant en outre à la créance de l'ouvrier victime d'accident, un privilège sur les meubles et les immeubles du patron tombé en faillite ou en déconfiture.

3° A la suite des deux projets votés, l'un, par la Chambre des députés, le 10 juillet 1888, l'autre, par le Sénat, le 20 mai 1890, le Gouvernement, le 28 juin 1890, en avait déposé un nouveau, qui, combiné avec de nombreuses propositions d'initiative parlementaire, aboutit enfin à une rédaction• votée par la Chambre, le 10 juin 1893. Ce projet consacrait en matière d'assurance une intervention très active de l'Etat et se rapprochait beaucoup des assurances sociales obligatoires.

Comme le projet du gouvernement, il créait entre patrons des mutualités ou corporations, mais tandis que le projet du gouvernement formait des mutualités professionnelles, celui de la Chambre établissait des mutualités régionales, territoriales. Par elles devait se réaliser l'assurance ; pourtant, mais à titre exceptionnel seulement, on laissait à l'industriel le choix de différentes institutions privées d'assurances, en particulier l'assurance syndicale ; celui qui négligeait d'y recourir était incorporé bon gré mal gré dans la mutualité légale et forcé d'en subir les conséquences.

La corporation régionale, comprenant des rouages administratifs compliqués, dotée de la personnalité civile et substituée aux patrons dans leurs rapports avec les ouvriers, fonctionnait comme en Allemagne et en Autriche actuellement. Elle répartissait les primes entre les membres, statuait sur les demandes d'indemnités, enfin, d'une façon générale, était chargée de tous les intérêts industriels de la circonscription.

Une administration supérieure, établie près du ministère du commerce, exerçait sa surveillance sur la gestion des corporations. Enfin le paiement des indemnités était effectué par une caisse nationale d'assurance contre les accidents, remplaçant la caisse d'assurance accidents créée par la loi du 11 juillet 1868.

Les industriels restés en dehors de la corporation devaient également verser à la caisse d'Etat les sommes destinées au service des pensions.

Ce système présentait tous les inconvénients et les dangers de l'assurance obligatoire. Aussi fut-il rejeté par le Sénat qui, par son vote du 24 mars 1896, lui substitua, ainsi que nous l'avons vu, une solution plus respectueuse de la liberté individuelle des intéressés.

4° Revenu devant la Chambre des députés, le projet du Sénat fut soumis à l'examen de la Commission du travail qui, d'accord avec le gouvernement, et pour pouvoir enfin aboutir à un résultat, se résigna à de nombreuses concessions, à des modifications radicales des principes votés en 1893 , et aboutit à un. projet nouveau qui fut adopté le 28 octobre 1897 par la Chambre. Il crée un nouveau système de garantie dont nous allons analyser sommairement les dispositions :

On commence par poser le principe de la liberté des patrons quant aux modes d'assurances. L'article 23 du projet dit « que les chefs d'entreprise pourront individuellement ou réunis en association rester leurs propres assureurs. » L'assurance par les Compagnies n'est pas proscrite, mais il semble qu'on en veuille restreindre le fonctionnement. Les industriels qui ne voudront pas user des modes précédents d'assurance, pourront adhérer à des mutualités établies par circonscriptions territoriales comprenant un ou plusieurs départements. Mais ce groupement des chefs d'industrie d'une région déterminée n'est nullement obligatoire, jamais imposé. Il y a là seulement

un nouveau mode d'assurance offert aux entrepreneurs, favorisé par l'Etat qui accorde la personnalité civile à la mutualité en même temps
qu'il en fixe l'organisation, les règles d'administration, de fonctionnement ainsi que les attributions, conformément aux systèmes allemands et
autrichiens. — Mais à quoi bon ces sortes de corporations facultatives, puisque les patrons peuvent
déjà, librement, former entre eux des associations
de ce genre en échappant au contrôle de l'Etat ?
On a voulu évidemment faire échec aux abus que
pourraient commettre les grandes compagnies
privées si les industriels non syndiqués ne trouvaient aucune institution rivale d'assurance. D'autre
part, il semble qu'on ait voulu, tout en ayant l'air
d'approuver et respecter les mesures d'initiative
privée librement prises par les patrons, amener
néanmoins, peu à peu, ceux-ci à cette association
réglementée et contrôlée par l'Etat. C'est une tendance socialiste qui perce derrière une liberté
apparente. Dans la crainte de voir encore une fois
le Sénat repousser le projet, on n'a pas osé imposer ce mode d'assurance, mais on l'a laissé subsister concurremment avec tous les autres.

Pour garantir l'ouvrier du risque d'insolvabilité
du patron ou des assureurs, on n'a plus recours,
comme dans les projets précédents, au cautionnement, mais à l'impôt, perçu par majoration de la
contribution des patentes. C'est une conception
toute nouvelle, amenée, dit-on, par l'impossibilité
de fixer d'une façon équitable les cautionnements
à verser. En effet, disait M. le Ministre du Commerce, lors de la discussion du projet, « si un

cautionnement peut utilement garantir contre toute malversation une gestion financière, dont les risques se divisent comme le temps et sont interrompus par la régularité des versements, des inspections et des contrôles, il en est autrement des risques accidentels, dont on ne peut calculer la portée qu'en envisageant des ensembles, des collectivités étendues, tandis que les cautionnements, pour garantir des responsabilités privées doivent être individuels comme les risques. » Pour garantir alors efficacement l'ouvrier, il aurait fallu imposer des charges excessives, un cautionnement très élevé, et immobiliser ainsi une partie des capitaux de l'industrie, sans être pourtant certain de pouvoir faire face aux conséquences des grandes catastrophes.

Pour trouver un moyen de nature à procurer toute sécurité à l'ouvrier, il fallait faire une appréciation mathématique du risque d'insolvabilité des patrons, dont l'Etat fournira la garantie sauf son recours contre l'industriel. Or en France, en comparant le nombre des patentés et celui des faillites et liquidations judiciaires, on peut constater que le risque d'insolvabilité des entrepreneurs ne dépasse pas 4 pour mille. Seulement pour garantir l'Etat contre toute surprise, on pourrait le porter à 10 pour 1,000 ou 1 pour 100. D'autre part, en Allemagne, où les chances d'insolvabilité sont à peu près les mêmes qu'en France, l'ensemble des indemnités annuellement allouées s'élève à 72,000,000 de francs. Le risque étant évalué à 1 pour 100 c'est donc 720,000 fr. qu'il faut trouver pour en garantir l'ouvrier, et l'Etat, qui prend directement en main cette garantie, se couvrira pour un léger supplément de patente.

On a vanté les avantages de cette solution :

On a, dit-on, écarté autant que possible l'intervention de l'Etat, évité l'assurance obligatoire en en conservant les avantages : pas de perquisitions dans les usines, pas de relevés de salaires, pas de recherches à faire du nombre d'ouvriers employés dans chaque usine, pas de calcul du cœfficient de risques d'accidents, tous inconvénients qu'apporte avec elle l'assurance obligatoire. On est arrivé à concilier la liberté du patron avec la sécurité à fournir à l'ouvrier, et cela au moyen d'une charge minime imposée aux industriels, et recouvrée sans le concours d'une nouvelle administration et sans engager les finances de l'Etat.

Cependant, quoi qu'il en soit, on peut reprocher à cette ingénieuse combinaison sa tendance éminemment socialiste. Le projet semblait tout d'abord avoir limité l'ingérance de l'Etat en établissant des modes divers d'assurances, laissés au choix des intéressés, puis il lui rend ici tous ses moyens d'action en lui faisant prendre directement en mains la garantie d'insolvabilité. On peut en outre lui reprocher d'avoir réparti sur l'ensemble des industriels, selon les principes de la proportionnalité, une charge qui devrait être appréciée individuellement et différemment répartie selon les lieux et les circonstances.

On prétend enfin qu'il est impossible d'établir équitablement le cautionnement à verser par un patron, mais il ne semble pas non plus que le risque d'insolvabilité puisse être calculé d'une façon plus certaine, car il est susceptible aussi de varier selon les circonstances.

En résumé, comme le projet de 1893, le projet de 1897 consacre ouvertement le principe d'intervention de l'Etat, quoique sous une forme et par un mécanisme différents. En fin de compte, c'est toujours lui qui sera l'assureur des ouvriers, sinon directement, du moins indirectement et obligatoirement, en prenant à sa charge, moyennant une augmentation d'impôt le risque d'insolvabilité des patrons. Il n'est guère possible d'échapper à ce grief ; lors de la discussion du projet, on a dû en convenir, et M. le Ministre du Commerce lui-même disait : « Pourquoi reculerai-je devant cette accusation d'interventionnisme? Qu'est-ce que l'Etat, si ce n'est l'intervention sagement organisée? Je ne voudrais pas l'exagérer ou la développer à la légère, mais il faut bien apercevoir qu'à mesure que la science met les forces naturelles d'une façon plus immédiate au service de l'humanité, elle expose l'homme à de brutales revanches ; pourquoi l'Etat n'organiserait-il pas la résistance? » Cette idée pourrait nous conduire très loin : et il serait dangereux de lui réserver un accueil trop favorable.

NOTE

Derniers travaux législatifs en matière d'accidents

Notre travail terminé, le Sénat, par un vote du 19 mars 1898, a consacré un nouveau texte législatif dans cette matière du risque professionnel et des assurances ouvrières.

Nous allons brièvement indiquer les points sur lesquels le Sénat et la Chambre des députés semblent définitivement fixés et ceux qui les divisent encore, relativement aux projets antérieurs.

Sur la fixation de l'indemnité, les deux Chambres se sont mises d'accord. Le Sénat qui en 1896 avait fixé un maximum et un minimum entre lesquels le juge pouvait librement se mouvoir, s'est rallié en 1898, dans un but de conciliation, au système des indemnités fixes, adoptées par la Chambre.

On est a peu près fixé sur l'idée du paiement des indemnités en pension et non en capital. L'ouvrier en effet ne sait pas faire fructifier les capitaux, et une pension incessible et insaisissable lui procurera une sécurité plus complète. Cependant le Sénat prévoit, dans des limites assez restreintes le versement d'un capital.

Les deux Chambres sont enfin d'accord sur le

maintien du droit commun des compétences, et l'idée d'un tribunal arbitral, auquel le Sénat était hostile, a été abandonnée par la Chambre des députés lors de son vote de 1897.

Mais sur d'autres points il y a encore division dans le Parlement.

La Chambre des députés, dans son projet de 1897, donnait à la caisse nationale des accidents le soin de servir les pensions aux ayants droits, le capital représentatif des rentes allouées étant, chaque année, versé dans cette caisse par les industriels, désormais dégagés de toute responsabilité. L'Etat était en quelque sorte l'assureur ou le réassureur des entrepreneurs. Ce système qui, ainsi que nous l'avons vu, entraîne une accumulation de capitaux dans les caisses du Trésor et détourne une partie des fonds industriels, a paru au Sénat entraver la liberté individuelle, enlever au patron sa libre initiative, et l'assemblée s'est rattachée au principe de la liberté complète de l'assurance et des moyens de la réaliser, avec faculté mais non obligation de choisir la caisse d'Etat comme assureur. Des mesures spéciales de garantie sont prises, dans certains cas déterminés, contre ceux qui sont restés leurs propres assureurs ainsi que contre les Compagnies ou Sociétés d'assurances sur lesquelles l'Etat exercera son contrôle et sa surveillance.

Le Sénat comme la Chambre, pour parer à l'insolvabilité éventuelle des chefs d'entreprise, adopte l'idée d'une contribution ajoutée à la patente des industriels.

Ces notions générales exposées, nous croyons

utile de donner copie de ce récent texte voté par
le Sénat :

*Projet de la loi concernant les responsabilités
des accidents dont les ouvriers sont victimes
dans le travail.*

TITRE I

Indemnités en cas d'accidents.

Art. 1ᵉʳ. — Les accidents survenus par le fait
du travail ou à l'occasion du travail aux ouvriers
et employés occupés dans l'industrie du bâtiment,
les usines, manufactures, chantiers, les entreprises de transports par terre et par eau, de
chargements et de déchargements, les magasins
publics, mines, minières, carrières, et en outre
dans toute exploitation ou partie d'exploitation
dans laquelle sont fabriquées ou mises en œuvre
des matières explosives ou dans laquelle il est
fait usage d'une machine mue par une force autre
que celle de l'homme ou des animaux, donnent
droit, au profit de la victime ou de ses représentants, à une indemnité à la charge du chef d'entreprise, à la condition que l'interruption de travail ait duré plus de quatre jours.

Les ouvriers qui travaillent seuls d'ordinaire
ne pourront être assujettis à la présente loi par le
fait de la collaboration accidentelle d'un ou de
plusieurs de leurs camarades.

Art. 2. — Les ouvriers et employés désignés à
l'article précédent ne peuvent se prévaloir, à rai-

son des accidents dont ils sont victimes dans leur travail, d'aucunes dispositions autres que celles de la présente loi.

Ceux dont le salaire dépasse 2,400 fr. ne bénéficient de ces dispositions que jusqu'à concurrence de cette somme. Pour le surplus, ils n'ont droit qu'au quart des rentes ou indemnités stipulées à l'article 3, à moins de conventions contraires quant au chiffre de la quotité.

Art. 3. — Dans les cas prévus par l'article 1, l'ouvrier ou employé a droit ;

Pour l'incapacité absolue et permanente, à une rente égale aux deux tiers de son salaire annuel.

Pour l'incapacité partielle et permanente, à une rente égale à la moitié de la réduction que l'accident aurait fait subir au salaire

Pour l'incapacité temporaire, à une indemnité journalière égale à la moitié du salaire touché au moment de l'accident, si l'incapacité de travail a duré plus de quatre jours, et à partir du cinquième jour.

(Le Sénat a repoussé un amendement de M. de Carné tendant à fixer à la moitié du salaire annuel la pension allouée au cas d'incapacité absolue permanente).

Lorsque l'accident est suivi de mort, une pension est servie aux personnes ci-après désignées, à partir du décès, dans les conditions suivantes :

A) Une rente viagère égale à 20 p. 100 du salaire annuel de la victime pour le conjoint survivant non divorcé ou séparé de corps, à la condition que le mariage ait été contracté antérieurement à l'accident.

En cas de nouveau mariage, le conjoint cesse d'avoir droit à la rente mentionnée ci-dessus ; il lui sera alloué, dans ce cas, le triple de cette rente à titre d'indemnité totale.

B) Pour les enfants légitimes ou naturels reconnus avant l'accident, orphelins de père ou de mère, âgés de moins de 18 ans, une rente calculée sur le salaire annuel de la victime à raison de 15 p. 100 de ce salaire, s'il n'y a qu'un enfant, de 25 p. 100 s'il y en a deux, de 35 p. 100 s'il y en a trois et de 40 p. 100 s'il y en a quatre ou un plus grand nombre.

Pour les enfants orphelins de père et de mère, la rente est portée pour chacun d'eux à 20 p. 100 du salaire.

L'ensemble de ces rentes ne peut, dans le premier cas dépasser 40 p. 100 du salaire ni 60 p. 100 dans le second.

Toutefois lorsque le nombre des enfants dépassera 4, au moment où chacun d'eux aura atteint l'âge de 18 ans, ou en cas de décès, il sera fait réversion de la rente qui lui avait été attribuée, à ses frères et sœurs, sans qu'en aucun cas la pension puisse dépasser 10 p. 100 ou 15 p. 100 si les enfants sont orphelins de père et de mère.

C) Si la victime n'a ni conjoint ni enfant dans les termes des § A et B, chacun des ascendants et des descendants qui étaient à sa charge, recevra une rente, viagère pour les ascendants et payable jusqu'à 16 ans pour les descendants. Cette rente sera égale à 10 p. 100 du salaire annuel sans que le montant total puisse dépasser 30 p. 100.

Chacune des rentes prévues par le § C est, le cas échéant, réduite proportionnellement.

Les rentes constituées en vertu de la présente loi sont payables par trimestre ; elles sont incessibles et insaisissables.

Les ouvriers étrangers victimes d'accidents qui cesseront de résider sur le territoire français recevront pour toute indemnité un capital égal à trois fois la rente qui leur avait été allouée.

Les représentants d'un ouvrier étranger ne recevront aucune indemnité si, au moment de l'accident, ils ne résidaient pas sur le territoire français.

Article 4. — Le chef d'entreprise supporte en outre les frais médicaux et pharmaceutiques et les frais funéraires. Ces derniers sont évalués à la somme de 100 fr. au maximum.

Quant aux frais médicaux et pharmaceutiques, si la victime a fait choix elle-même de son médecin, le chef d'entreprise ne peut être tenu que jusqu'à concurrence de la somme fixée par le juge de paix du canton, conformément aux tarifs adoptés dans chaque département pour l'assistance médicale gratuite.

Article 5. — Les chefs d'entreprises peuvent se décharger pendant les 30, 60 ou 90 jours à partir de l'accident, de l'obligation de payer aux victimes les frais de maladie et de l'indemnité temporaire ou une partie seulement de cette indemnité, comme il est spécifié ci-après, s'ils justifient :

1° Qu'ils ont affilié leurs ouvriers à des Sociétés de secours mutuels autorisées et pris à leur charge une quote part de la cotisation qui aura été déterminée d'un commun accord, et en se conformant aux statuts type approuvés par le Ministre compétent, mais qui ne devra pas être inférieure au tiers de cette cotisation.

2° Que ces Sociétés assurent à leurs membres, en cas de blessures, pendant les 30, 60 ou 90 jours, les soins médicaux et pharmaceutiques et une indemnité journalière.

Si l'indemnité journalière servie par la Société est inférieure à la moitié du salaire quotidien de la victime, le chef d'entreprise est tenu de lui verser la différence.

ARTICLE 6. — Les exploitants de mines, minières et carrières peuvent se décharger des frais et indemnités mentionnés à l'article précédent, moyennant une subvention annuelle versée aux caisses ou Sociétés de secours constituées dans ces entreprises en vertu de la loi du 29 juin 1894.

Le montant et les conditions de cette subvention devront être acceptés par la Société et approuvés par le ministre des travaux publics.

Ces deux dispositions seront applicables à tous les autres chefs d'industrie qui auront créé en faveur de leurs ouvriers des caisses particulières de secours en conformité du titre III de la loi du 29 juin 1894. L'approbation prévue ci-dessus sera, en ce qui les concerne, donnée par le Ministre du Commerce et de l'Industrie.

ARTICLE 7. — Indépendamment de l'action résultant de la présente loi, la victime ou ses représentants conservent contre les auteurs de l'accident autres que le patron ou ses ouvriers et préposés, le droit de réclamer la réparation du préjudice causé, conformément aux règles du droit commun.

L'indemnité qui leur sera allouée exonérera à due concurrence, le chef d'entreprise des obligations mises à sa charge.

Cette action contre les tiers responsables pourra même être exercée par le chef d'entreprise à ses risques et périls, aux lieux et place de la victime ou de ses ayants droit, si ceux-ci négligent d'en faire usage.

ARTICLE 8. — Le salaire qui servira de base à la fixation de l'indemnité allouée à l'ouvrier âgé de moins de 18 ans, ou à l'apprenti victime d'un accident, ne sera pas inférieur au salaire le plus bas des ouvriers valides de la même catégorie occupés dans l'entreprise.

ARTICLE 9. — Lors du règlement définitif de la rente viagère après le délai de révision prévu à l'article 20, la victime peut exiger que le quart au plus du capital nécessaire à l'établissement de cette rente, calculé d'après les tarifs fixés pour les accidents par la caisse des retraites pour la vieillesse, lui soit attribué en espèces.

Elle peut aussi demander que ce capital ou ce capital réduit du quart au plus comme il vient d'être dit, serve à constituer sur sa tête une rente viagère réversible, pour moitié au plus, sur la tête de son conjoint. Dans ce cas, la rente viagère sera diminuée de façon qu'il ne résulte de la réversibilité aucune augmentation de charges pour le chef d'entreprise.

Le tribunal, en chambre du Conseil, statuera sur ces demandes.

Article 10. — Le salaire servant de base à la fixation des rentes et indemnités s'entend, pour l'ouvrier occupé dans l'entreprise pendant les 12 mois écoulés avant l'accident, de la rénumération effective qui lui a été allouée pendant ce temps, soit en argent, soit en nature.

Pour les ouvriers occupés pendant moins de 12 mois avant l'accident, il doit s'entendre de la rénumération effective qu'ils ont reçue depuis leur entrée dans l'entreprise, augmentée de la rénumération moyenne qu'ont reçu, pendant la période nécessaire pour compléter les 12 mois, les ouvriers de la même catégorie.

Si le travail n'est pas continu, le salaire annuel est calculé tant d'après la rénumération reçue pendant la période d'activité que d'après le gain de l'ouvrier pendant le reste de l'année.

TITRE II

Déclaration des accidents et enquête

Article 11. — Tout accident ayant occasionné une incapacité de travail doit être déclaré, dans les 48 heures, par le chef d'entreprise ou ses préposés, au maire de la commune qui en dresse procès-verbal.

Cette déclaration doit contenir les noms et adresses des témoins de l'accident. Il y est joint un certificat de médecin indiquant l'état de la vic-

time, les suites probables de l'accident et l'époque
à laquelle il sera possible d'en connaître le résultat définitif.

La même déclaration pourra être faite par la
victime ou ses représentants.

Récépissé de la déclaration et du certificat est
remis par le maire au déclarant.

Avis de l'accident est donné immédiatement
par le maire à l'inspecteur divisionnaire ou dé-
partemental du travail ou à l'ingénieur ordinaire
des mines chargé de la surveillance de l'entreprise.

L'article 15 de la loi du 2 novembre 1892 et
l'article 11 de la loi du 12 juin 1893 cessent d'être
applicables dans les cas visés par la présente loi.

ARTICLE 12. — Lorsque, d'après le certificat
médical, la blessure paraît devoir entraîner la
mort, ou une incapacité permanente absolue ou
partielle de travail, le maire transmet immédiatement copie de la déclaration et le certificat médical au juge de paix du canton où l'accident s'est
produit.

Dans les 24 heures de la réception de cet avis, le
juge de paix procède à une enquête à l'effet de
rechercher :

1° La cause, la nature et les circonstances de
l'accident.

2° Les personnes victimes et le lieu où elles se
trouvent.

3° La nature des lésions.

4° Les ayants-droit pouvant, le cas échéant, prétendre à une indemnité.

5° Le salaire quotidien et le salaire annuel des victimes.

ARTICLE 13. — L'enquête a lieu contradictoirement, dans les formes prescrites par les articles 35, 36, 37, 38, et 39 du code de procédure civile, en présence des parties intéressées ou celles-ci convoquées d'urgence, par lettre recommandée.

Le juge de paix doit se transporter auprès de la victime de l'accident qui se trouve dans l'impossibilité d'assister à l'enquête.

Lorsque le certificat médical ne lui paraît pas suffisant, le juge de paix pourra désigner un médecin pour examiner le blessé.

Il peut aussi commettre un expert pour l'assister dans l'enquête.

Il n'y a pas lieu toutefois à nomination d'expert dans les entreprises administrativement surveillées, ni dans celles de l'Etat placées sous le contrôle d'un service distinct du service de gestion, ni dans les établissements nationaux où s'effectuent des travaux que la sécurité publique oblige à tenir secrets. Dans ces divers cas, les fonctionnaires chargés de la surveillance ou du contrôle de ces établissements ou entreprises, et, en ce qui concerne les exploitations minières, les délégués à la sécurité des ouvriers mineurs, transmettent au juge de paix, pour être joint au procès-verbal d'enquête, un exemplaire de leur rapport.

Sauf les cas d'impossibilité matérielle dûment constatés dans le procès-verbal, l'enquête doit être close dans le plus bref délai, et, au plus tard, dans les dix jours à partir de l'accident. Le juge de paix avertit par lettre recommandée, les parties, de la clôture de l'enquête et du dépôt de la minute au greffe, où elles pourront, pendant un délai de cinq jours, en prendre connaissance et s'en faire délivrer une expédition affranchie du timbre et de l'enregistrement. A l'expiration de ce délai de cinq jours, le dossier de l'enquête est transmis au président du tribunal civil de l'arrondissement.

Article 14. — Sont punis d'une amende de 1 à 15 francs les chefs d'industrie ou leurs préposés qui ont contrevenu aux dispositions de l'article 11.

En cas de récidive dans l'année, l'amende peut être élevée de 16 à 300 francs.

L'article 463 du Code pénal est applicable aux contraventions prévues par le présent article.

TITRE III

Compétences. Juridictions. Procédure. Revision.

Article 15. — Les contestations entre les victimes d'accidents et les chefs d'entreprises, relatives aux frais funéraires, aux frais de maladies ou aux indemnités temporaires, sont jugées en dernier ressort par le juge de paix du canton où l'accident s'est produit, à quelque chiffre que la demande puisse s'elever.

Article 16. — En ce qui touche les autres indemnités prévues par la présente loi, le président du tribunal de l'arrondissement où l'accident a eu lieu, convoque, dans les cinq jours à partir de la transmission du dossier, la victime ou ses ayants-droit et le chef d'entreprise qui peut se faire représenter.

S'il y a accord des parties intéressées, l'indemnité est définitivement fixée par l'ordonnance du président qui donne acte de cet accord.

Si l'accord n'a pas lieu, l'affaire est renvoyée devant le tribunal qui statue comme en matière sommaire, conformément au titre 24 du livre 2 du Code de procédure civile.

Si la cause n'est pas en état, le tribunal surseoit à statuer et l'indemnité temporaire continuera à être servie jusqu'à la décision définitive.

Le tribunal pourra condamner le chef d'entreprise à payer une provision ; sa décision sur ce point sera exécutoire nonobstant appel.

Article 15. — Les jugements rendus en vertu de la présente loi sont susceptibles d'appel selon les règles du droit commun. Toutefois, l'appel devra être interjeté dans les quinze jours de la date du jugement, s'il est contradictoire, et s'il est par défaut dans la quinzaine à partir du jour où l'opposition ne sera plus recevable.

La Cour statuera d'urgence dans le mois de l'acte d'appel. Les parties pourront se pourvoir en cassation.

Article 18. — L'action en indemnité prévue par la présente loi se prescrit par un an à dater du jour de l'accident.

Article 19. — La demande en révision de l'indemnité fondée sur une aggravation ou une atténuation de l'infirmité de la victime, ou son décès par suite des conséquences de l'accident, est ouverte pendant trois ans à dater de l'accord intervenu entre les parties ou de la décision définitive.

Le titre de pension n'est remis à la victime qu'à l'expiration des trois ans.

ARTICLE 20. — Aucune des indemnités déterminées par la présente loi ne peut être attribuée à la victime qui a intentionnellement provoqué l'accident.

Le tribunal a le droit, s'il est prouvé que l'accident est dû à une faute inexcusable de l'ouvrier, de diminuer la pension fixée au titre Ier.

Lorsqu'il est prouvé que l'accident est dû à la faute inexcusable du patron ou de ceux qu'il s'est substitués dans la direction, l'indemnité pourra être majorée, mais sans que la rente ou le total des rentes allouées puisse dépasser soit la réduction soit le montant du salaire annuel.

(Le Sénat a repoussé tout amendement destiné à laisser subsister, dans cette dernière hypothèse, les principes des articles 1382 et suivants du Code civil, quant à la réparation du dommage causé).

ARTICLE 21. — Les parties peuvent toujours, après détermination du chiffre de l'indemnité due à la victime de l'accident, décider que le service de la pension sera suspendu et remplacé, tant que l'accord subsistera, par tout autre mode de réparation.

Sauf dans le cas prévu à l'article 3 § A, la pension ne pourra être remplacée par le paiement d'un capital que si elle n'est pas supérieure à 100 francs.

ARTICLE 22. — Le bénéfice de l'assistance judiciaire est accordé de plein droit sur le visa du

Procureur de la République, à la victime de l'accident ou à ses ayants-droit, devant le tribunal.

A cet effet, le président du tribunal adresse au Procureur de la République, dans les trois jours de la comparution des parties, prévue par l'article 16, un extrait de son procès-verbal de non-conciliation ; il y joint les pièces de l'affaire.

Le Procureur de la République procède comme il est prescrit à l'article 13 § 2 et suivants de la loi du 22 janvier 1851.

Le bénéfice de l'assistance judiciaire s'étend de plein droit aux instances devant le juge de paix, à tous les actes d'exécution mobilière et immobilière et à toute contestation incidente à l'exécution des décisions judiciaires.

TITRE IV

Garanties.

ARTICLE 23. — La créance de la victime de l'accident ou de ses ayants-droit, relative aux frais médicaux, pharmaceutiques et funéraires, ainsi qu'aux indemnités allouées à la suite de l'incapacité temporaire de travail, est garantie par le privilège de l'article 2101 du Code civil et y sera inscrite sous le n° 6.

Le paiement des indemnités pour incapacité permanente de travail ou accidents suivis de mort, est garanti conformément aux dispositions des articles suivants.

ARTICLE 24. — A défaut soit par les chefs d'entréprises débiteurs, soit par les sociétés d'assurances à primes fixes ou mutuelles, ou les syndicats de garantie liant solidairement tous les adhérents, de s'acquitter au moment de leur exigibilité, des indemnités mises à leur charge à la suite d'accidents ayant entraîné la mort ou une incapacité permanente de travail, le paiement en sera assuré aux intéressés par les soins de la caisse nationale des retraites pour la vieillesse, au moyen d'un fonds spécial de garantie constitué comme il va être dit, et dont la gestion sera confiée à la dite caisse.

ARTICLE 25. — Pour la constitution du fonds spécial de garantie, il sera ajouté au principal de la contribution des patentes des industriels visés par l'article 1er, quatre centimes additionnels ; il sera perçu sur les mines une taxe de 5 centimes par hectare concédé.

Ces taxes pourront, suivant les besoins, être majorées ou réduites par la loi de finances.

ARTICLE 26. — La caisse nationale des retraites exercera un recours contre les chefs d'entreprises débiteurs, pour le compte desquels des sommes auront été payées par elle conformément aux dispositions qui précèdent.

En cas d'assurance du chef d'entreprise, elle jouira pour le remboursement de ses avances, du privilège de l'article 2102 C. c. sur l'indemnité due par l'assureur et n'aura plus de recours contre le chef d'entreprise.

Un règlement d'administration publique déterminera les conditions d'organisation et de fonctionnement du service conféré par les dispositions précédentes à la caisse nationale des retraites, et notamment les formes du recours à exercer contre les chefs d'entreprises débiteurs ou les sociétés d'assurances et les syndicats de garantie ainsi que les conditions dans lesquelles les victimes d'accidents ou leurs ayants-droit seront admis à réclamer à la caisse le paiement de leurs indemnités.

Les décisions judiciaires n'emporteront hypothèque que si elles sont rendues au profit de la caisse des retraites exerçant son recours contre les chefs d'entreprises ou les Compagnies d'assurances.

ARTICLE 27. — Les Compagnies d'assurances mutuelles ou à primes fixes contre les accidents, françaises ou étrangères, sont soumises à la surveillance et au contrôle de l'Etat, et astreintes à constituer des réserves ou cautionnements dans les conditions déterminées par un règlement d'administration publique.

Le montant des réserves ou cautionnement sera affecté par privilège au paiement des pensions et indemnités.

Les syndicats de garantie seront soumis à la même surveillance, et un règlement d'administration publique déterminera les conditions de leur création et de leur fonctionnement.

Les frais de toute nature résultant de la surveillance et du contrôle seront couverts au moyen de contributions proportionnelles au montant des réserves ou cautionnements et fixés annuellement

pour chaque compagnie ou association par arrêté
du ministre du commerce.

Article 28. — Le versement du capital représentatif des pensions allouées en vertu de la présente loi ne peut être exigé des débiteurs.

Toutefois les débiteurs qui désireront se libérer
en une fois, pourront verser le capital représentatif de ces pensions à la caisse nationale des
retraites qui établira à cet effet, dans les six mois
de la promulgation de la présente loi, un tarif
tenant compte de la mortalité des victimes d'accidents et de leurs ayants-droit.

Lorsqu'un chef d'entreprise cesse son industrie, soit volontairement, soit par décès, liquida-
tion judiciaire ou faillite, soit par cession d'établissement, le capital représentatif des pensions
à sa charge devient exigible de plein droit et sera
versé à la caisse nationale des retraites. Ce capital sera déterminé au jour de son exigibilité
d'après le tarif visé au paragraphe précédent.

Toutefois le chef d'entreprise ou ses ayants-droit
peuvent être exonérés du versement de ce capital
s'ils fournissent des garanties qui seront déterminées par un règlement d'administration publique.

TITRE V

Dispositions générales.

Article 29. — Les procès-verbaux, certificats,
actes de notoriété, significations, jugements et
autres actes faits ou rendus en vertu et pour
l'exécution de la présente loi, sont délivrés gra-

tuitement, visés pour timbre et enregistrés gratis lorsqu'il y a lieu à la formalité de l'enregistrement.

Dans les 6 mois de la promulgation de la présente loi, un décret déterminera les émoluments des greffiers de justice de paix pour leur assistance et la rédaction des actes de notoriété, procès-verbaux, certificats, significations, jugements, envois de lettres recommandées, extraits, dépôts de la minute d'enquête au greffe, et pour tous les actes nécessités par l'application de la présente loi, ainsi que les frais de transport auprès des victimes et d'enquête sur place.

ARTICLE 30. — Toute convention contraire à la présente loi est nulle de plein droit.

ARTICLE 31. — Les chefs d'entreprises sont tenus, sous peine d'une amende de 1 à 15 fr., de faire afficher dans chaque atelier la présente loi et les réglements d'administration relatifs à son exécution.

En cas de récidive dans la même année, l'amende sera de 16 à 100 fr.

Les infractions aux dispositions des articles 11 et 31 pourront être constatées pour les inspecteurs du travail.

ARTICLE 32. — Il n'est point dérogé aux lois, ordonnances et règlements concernant les pensions des ouvriers, apprentis et journaliers appartenant aux ateliers de la marine, et celles des ouvriers immatriculés des manufactures d'armes dépendant du ministère de la guerre.

ARTICLE 33. — La présente loi ne sera applicable que 3 mois après la publication officielle des décrets d'administration publique qui doivent en régler l'exécution.

ARTICLE 34. — Un règlement d'administration publique déterminera les conditions dans lesquelles la présente loi pourra être appliquée à l'Algérie et aux colonies.

J. O. Débats parlementaires Sénat. N°ˢ des 4, 5, 8, 16 et 20 mars 1898.

La Chambre des députés, dans sa séance du 26 mars 1898 a définitivement adopté le projet du Sénat. La nouvelle loi en matière d'accidents n'est pas encore applicable, les décrets d'administration publique qui doivent en régler l'exécution n'ayant pas encore été publiés (voir article 33). (*J. O.* Déb. parl. Chambre 27 mars 1898, p. 1396 et suiv.).

SECTION III

Charges financières dans la garantie obligatoire.

Les industriels restés leurs propres assureurs pourront être astreints, ainsi que nous l'avons vu, au versement d'un cautionnement comme garantie de solvabilité et de bonne gestion financière. Il en serait de même des compagnies privées d'assurances et des syndicats ou mutualités librement formées. On laisse à un règlement d'administration publique le soin de déterminer le montant de ce cautionnement.

Quelques projets permettent la dispense du cautionnement par l'affectation d'un gage hypo thécaire ou autre garantie efficace (proposition Dron). Quant au projet voté en 1897, nous avons vu qu'il remplace le cautionnement par un accroissement de la contribution des patentes.

Tous les projets discutés devant les Chambres laissent à l'industriel seul toute la charge de l'assurance et en exonèrent l'ouvrier.

L'Etat prend soin du paiement des rentes ou pensions allouées aux victimes ou à leurs ayants-cause, et à cet effet on prévoit la transformation de la caisse accidents crée par la loi du 11 juillet 1868, en caisse nationale d'assurance contre les accidents, où sont versés tous les capitaux destinés au service des rentes.

CHAPITRE III

Des assurances sociales obligatoires

La garantie du risque d'insolvabilité ne paraît pas suffisante à tous. On ne peut, dit-on, s'en tenir à cette étape intermédiaire de la garantie obligatoire, à ces demi-mesures protectrices, et la solution plus radicale de l'assurance sociale est une conséquence logique et nécessaire du nouveau principe du risque professionnel. Ces questions de garantie, d'assurance, ne doivent plus demeurer dans le domaine du droit privé, mais l'Etat, la Société doivent prendre directement en mains la cause de l'ouvrier. C'est là dit-on un devoir social qu'imposent les considérations suivantes :

L'assurance contre les accidents entraîne des charges considérables, et l'Etat seul semble présenter des garanties suffisantes aux intéressés. Les Sociétés privées d'assurances dont on se réclame dans les systèmes de garantie peuvent devenir insolvables, et à cet égard, les droits de l'ouvrier sont compromis. — D'autre part, ces Compagnies peuvent refuser de couvrir certains risques, et il n'est pas possible de les forcer à en assumer malgré elles la responsabilité. Elles sont

tentées en outre d'imposer aux assurés des conditions trop lourdes, et les Sociétés mutuelles librement formées seraient impuissantes à remédier à
cet inconvénient, n'étant ni assez fortes ni assez
nombreuses. — Enfin l'Etat ne doit pas être un
concurrent des Compagnies. Celles-ci, en effet,
mettant sur pied leur nombreux personnel,
auraient vite fait d'accaparer les meilleures assurances en refusant d'ailleurs de couvrir les mauvais risques qui retomberaient ainsi à la charge de
l'Etat. Celui-ci, du reste, ainsi que le disait
M. Forrer devant le Conseil fédéral suisse le 28 novembre 1890 « ne saurait — faire l'article — sans
compromettre sa dignité, » si bien que, n'ayant
pas en mains les moyens qu'emploient les Compagnies, il se trouverait bientôt en déficit et se
verrait forcé de recourir constamment à l'impôt.

L'intervention de l'Etat s'impose donc, dit-on,
car lui seul est capable de présenter des garanties
permanentes de solvabilité et de faire face à toutes
les exigences de l'assurance.

SECTION I

Organisation de l'assurance sociale obligatoire

1° L'Etat pourrait prendre directement en mains
le service de l'assurance. C'était l'idée primitivement adoptée en Allemagne lors du premier projet
de loi déposé au Reichstag, en matière d'assurances-accidents. Mais ce système, plus que tout
autre, a l'inconvénient de nécessiter une administration compliquée, coûteuse, composée d'employés possédant des connaissances techniques,

difficiles à recruter au gré des assurés, et trop disposés à répartir arbitrairement les charges de
l'assurance.

Aussi s'est-on rallié à l'un des deux systèmes
suivants :

2° L'assurance est réalisée par un groupement
des intéressés en mutualités professionnelles,
chacune d'elles comprenant tous les patrons exerçant la même profession sur toute l'étendue du
territoire d'une nation. C'est l'idée définitivement
adoptée par l'Allemagne. On fait ressortir qu'elle
présente l'avantage de réunir dans un même lien
tous les industriels ayant des intérêts communs,
disposés à s'entendre facilement sur tout ce qui
intéresse leur industrie, et mieux à même d'établir et répartir équitablement les charges de l'assurance. Ces mutualités ou corporations professionnelles sont une imitation de ces Sociétés
mutuelles qui se sont depuis longtemps déjà spontanément formées entre industriels, qui ont
prospéré et donné d'heureux résultats qu'on
peut espérer voir également se réaliser dans ces
groupements organisés et contrôlés par l'Etat.

Mais la corporation professionnelle présente
quelques-uns des inconvénients reprochés au premier système. A raison de son étendue, elle exige
comme lui une administration très vaste, et ne
permet pas facilement le contrôle des intéressés,
ce contrôle nécessitant des déplacements considérables qui occasionnent des frais en conséquence.

3° Un troisième système propose le groupement
des assurés en mutualités territoriales et non

plus professionnelles : elles comprennent tous les patrons d'une circonscription déterminée du territoire, quel que soit le genre d'industrie exercé par eux. C'est le système autrichien qui groupe, sur une fraction du territoire, tous les industriels. Ceux-ci, bien qu'exerçant des professions différentes, se connaissent mieux que les membres de la corporation professionnelle, car ils ne forment qu'un groupement régional assez restreint de patrons qui sont en relations constantes et peuvent plus facilement s'entendre sur toutes mesures propres à faciliter le service de l'assurance et le développement industriel de leur circonscription.

Malgré les avantages de ce système, on ne saurait cependant dire à priori que la préférence doit lui être accordée, et avant de se prononcer en faveur de tel ou tel régime, il faut tenir compte des conditions industrielles auxquelles chaque pays est soumis. « Le groupement professionnel convient en effet, dit M. Bellom, aux pays où la vie corporative est particulièrement développée, et le groupement territorial à ceux où domine la vie régionale ». (Bellom. Des lois d'assurances ouvrières à l'étranger t. 2 p. 12.)

SECTION II

Charges financières

A) Capitalisation et répartition.

En prenant pour base de répartition des charges non l'éventualité d'un accident, mais l'accident lui-même, arrivé, on a le choix entre deux moyens :

1° On peut faire payer chaque année par les assurés de chaque corporation, le montant des sommes que celle-ci a réellement versées durant le dernier exercice (l'année qui vient de s'écouler), c'est-à-dire les rentes payées aux victimes, les frais d'administration, de perception etc. C'est le *système de répartition* pratiqué en Allemagne.

2° Ou bien on recouvre annuellement sur les membres de la corporation le capital destiné à constituer les rentes allouées durant l'année précédente, plus les frais d'administration et de perception. C'est le *système de capitalisation* ou *système des primes*, consacré par la loi autrichienne.

Le principe de la répartition conduit chaque année à des variations et à un accroissement sensibles du montant de la prime à payer. En effet, aux pensions allouées la première année viennent s'en ajouter d'autres dont le montant est additionné avec les précédentes et dont il faut continuer le service. L'augmentation de la prime se fera ainsi sentir jusqu'à ce qu'un équilibre s'établisse entre le montant des pensions qui s'éteignent et le montant des pensions qui se créent, après quoi le taux de la contribution restera chaque année sensiblement le même.

Par la capitalisation, on détermine chaque année le capital destiné au service des rentes, en se basant sur les tables de mortalité et suivant un taux déterminé d'intérêt. Les accroissements de charges ne se font guère sentir d'une année à une autre, puisque à chaque exercice toutes les pensions sont liquidées et qu'aucune charge de l'année précédente n'est reportée sur l'année suivante.

Auquel des deux principes doit-on donner la préférence ? C'est une question très discutée, sur laquelle, lors des Congrès internationaux sur les accidents du travail et dernièrement encore au Congrès de Bruxelles, les délégués n'ont pu s'entendre. Le système de la capitalisation était soutenu par les Français, entre autres MM. Léon Marie, Adam, et par un Belge, M. Lepreux, directeur de la Caisse d'épargne de Bruxelles.

On reproche au système de la répartition de faire supporter dans l'avenir, par l'industrie des charges nées autrefois et auxquelles elle devrait demeurer étrangère. On arrive ainsi à mettre sur le compte des industriels nouvellement installés le paiement de rentes créées avant que l'entreprise ne soit établie. Avec la capitalisation, les charges sont évidemment plus lourdes au début, mais le patron a l'avantage de ne supporter que les dettes de l'industrie actuelle, et il peut, chaque année, se faire une idée approximative de la prime à payer, les variations du nombre des accidents étant peu sensibles, tandis que la répartition laisse à cet égard une grande incertitude, l'entrepreneur ne pouvant savoir quelles rentes seront éteintes durant l'année.

La capitalisation a toutefois l'inconvénient d'immobiliser les capitaux, de les faire affluer dans les caisses de l'Etat ou des corporations.

Ce dernier système qui paraît plus logique et plus équitable que celui de la répartition, a toujours triomphé devant le Parlement français.

B). *Calcul de la part contributoire de chaque industriel.*

La prime doit être proportionnelle à l'importance de l'entreprise et aux dangers que courent les ouvriers. Il ne serait point juste, en effet, de s'en tenir uniquement à l'importance de l'industrie sans tenir compte des dangers, des risques, qui diffèrent selon la nature et les conditions d'exploitation. Si les risques étaient partout les mêmes, la répartition serait faite proportionnellement au montant des salaires additionnés, dans chaque entreprise. Mais il faut prendre en considération les risques d'accidents, les apprécier dans chaque genre d'industrie, en fixer, comme on dit, le coefficient, et la prime à payer par chaque intéressé sera alors proportionnelle au montant des salaires durant un temps déterminé, l'année par exemple, multiplié par le coefficient de risque afférent à son exploitation.

C). *Qui participe aux charges.*

Pour les uns, le risque professionnel devant être mis tout entier à la charge de l'industrie, ce sont les patrons seuls qui paieront la prime d'assurance. C'est ce que décident les projets français et la loi allemande.

D'autres y font participer à la fois le patron et l'ouvrier (loi autrichienne).

D'autres enfin y font participer l'Etat, en se basant sur cette idée que la société tout entière et non pas seulement l'industrie moderne est res-

ponsable des accidents. C'est, a-t-on dit, le progrès
industriel, c'est la civilisation même qui obligent
les uns et les autres à employer des moyens mécaniques différents, dangereux, que l'on dompte
pendant quelque temps, mais qui se retournent
contre vous, blessent et tuent. Il n'y a pas seulement risque professionnel mais risque social que
la société doit couvrir, sinon pour le tout, du
moins pour partie. (Déb. parl. 1897, p. 2209. Dis-
cours de M. Arthur Groussier). Cette idée ne
semble pas devoir être de sitôt législativement
consacrée.

D). *Paiement des indemnités.*

L'Etat prend directement en mains le soin de
régler les indemnités aux ayants-droit, ce qu'il fait
au moyen des divers rouages de son administration financière.

SECTION III

*Des assurances sociales obligatoires au point de
vue juridique, économique et social.*

A ces trois points de vue, cette vaste organisation nous semble présenter un certain nombre de
difficultés mises en relief par la pratique des ré-
gimes allemand et autrichien.

Au point de vue juridique, l'assurance sociale
obligatoire dénature le véritable caractère de l'assurance en enlevant à l'assuré le libre choix de
son co-contractant, l'assureur. Il n'y a plus ici
véritablement contrat, convention librement con-

sentie, mais une simple obligation d'une nature spéciale qui présente plutôt les caractères d'une contribution, d'un impôt.

Au point de vue économique, ainsi que nous l'avons déjà vu, elle entraine des frais considérables causés par toute une armée de fonctionnaires qui absorbent une quote-part élevée de la prime. Il en résulte en outre une immobilisation des fonds dans les caisses du Trésor, en même temps qu'une très grande responsabilité pour l'Etat.

Au point de vue social enfin, il ne semble pas qu'elle ait donné de plus heureux résultats.

D'abord elle ne laisse plus d'initiative aux industriels, leur enlève leur liberté, les soumet au contrôle et aux observations tracassières des agents de l'Etat ou des corporations qui viennent sans cesse faire des perquisitions et des vérifications. L'arbitraire administratif est ainsi une source de mécontentement pour les patrons.

L'assurance sociale obligatoire tend à relâcher de plus en plus les liens qui pouvaient rattacher entre eux patrons et ouvriers. L'industriel surchargé outre mesure par ce fardeau onéreux de l'assurance, pourrait bien, en fin de compte, en arriver à faire retomber sur l'ouvrier une partie des charges financières par un abaissement des salaires, de sorte qu'une institution établie dans un but de pacification sociale ne serait plus qu'une occasion de désaccord et de luttes.

En outre, au point de vue du règlement de l'indemnité, le patron effacé, remplacé par la corporation qui s'est substituée à lui, n'a plus à se préoccuper de son ouvrier dès l'instant où il a rempli son obligation, payé sa prime. Il se considère comme quitte, et, selon l'expression de M. Ricard au Congrès international de Paris en 1889, il abandonne l'ouvrier isolé en face de cette administration qui règle souverainement et mathématiquement ce qui est dû aux victimes.

Ce régime d'assurance disait encore avec raison M. Rostand au Congrès de Bruxelles, complique la vie, la stérilise par l'automatisme. Il n'est enfin qu'un socialisme bureaucratique qui n'est guère de nature à enrayer le socialisme révolutionnaire, comme on l'avait pensé, et celui ci, devenu de plus en plus menaçant, s'en est servi comme instrument en le rejetant comme principe : « La démocratie sociale, — disait Liebnecht au Congrès socialiste de Berlin en 1892, — n'a rien de commun avec le prétendu socialisme d'Etat, un système de demi-mesures, de concessions et de palliatifs dictés par la crainte. La démocratie sociale n'a jamais dédaigné de les mettre en avant et de les approuver, mais elle ne les compte que comme de petites étapes qui ne peuvent arrêter sa marche vers la régénération de l'Etat et de la société sur les principes socialistes. La démocratie sociale est essentiellement révolutionnaire : le socialisme d'Etat est conservateur ; ce sont donc des adversaires irréconciliables. »

CHAPITRE IV

Des assurances-accidents à l'étranger
Allemagne

L'Allemagne, la première, par la loi du 6 juillet 1884 est entrée dans la voie des assurances sociales obligatoires, en même temps qu'elle consacrait le principe du risque professionnel. Ainsi que nous l'avons vu, plusieurs dispositions législatives sont venues compléter cette loi fondamentale dont nous retenons ici les dispositions qui concernent l'assurance.

Les industriels sont groupés en corporations professionnelles embrassant tout le territoire de l'empire. L'entrepreneur est forcé d'entrer dans la corporation qui représente son industrie, et à cet effet il doit, sous peine de 500 marks d'amende, faire toutes démarches et déclarations nécessaires.

Ces mutualités, dotées de la personnalité civile, sont administrées chacune par un conseil d'administration dont les membres, élus par les industriels, exercent gratuitement leurs fonctions. Ce conseil est chargé de répartir les charges annuelles et de fixer le chiffre des indemnités que doivent recevoir les victimes. Il s'occupe en outre, d'une façon générale, de tous les intérêts de la corporation, a le droit d'ordonner des mesures préventives d'accidents, et de faire surveiller par des inspecteurs l'application de ses règlements, que les patrons sont tenus d'observer sous peine d'amende ou d'augmentation de la contribution annuelle qui pourrait au besoin être portée au double.

Au-dessus des corporations, se trouve l'office impérial des assurances, siègeant à Berlin, représentant de l'Etat et chef suprême de toute cette vaste organisation d'assurances ouvrières. Il exerce un contrôle permanent sur toutes les opérations des corporations, édicte toutes prescriptions relatives à leur fonctionnement régulier et en assure l'exécution au moyen d'amendes élevées. Il était composé primitivement de trois membres permanents dont le président, nommé à vie, était désigné par l'Empereur (c'est M. Boediker qui a été nommé) et de huit membres non permanents, dont quatre choisis dans le Conseil fédéral et nommés par ce Conseil, deux autres élus par les Conseils d'administration des corporations et les deux derniers par des délégués ouvriers. Mais depuis le début, ce personnel s'est accru considérablement. En 1895, il comprenait : un président, deux directeurs, trente-six membres permanents, quatre membres temporaires choisis dans le Conseil fédéral, six membres temporaires élus par les corporations, avec quarante suppléants, six membres temporaires élus par les ouvriers avec quarante suppléants, quarante-quatre membres et assesseurs juridiques et plus de deux cent cinquante employés. Les frais occasionnés

pour cette administration supérieure ne sont pas
à la charge des corporations mais sont prévus au
budjet de l'empire.

Lorsqu'un accident donne lieu à une indemnité,
elle est fixée en premier ressort par le Conseil
d'administration de la corporation, dont la décision peut être réformée par un tribunal arbitral
composé de cinq membres, un président, nommé
par l'empereur et quatre juges, deux élus par la
corporation et les deux autres par les représentants des ouvriers, non choisis directement par
ceux-ci, mais désignés par les Conseils d'administration des caisses locales en cas de maladies,
des caisses de fabrique et des caisses de mineurs.
Enfin, la décision du tribunal arbitral n'est pas
non plus souveraine et peut encore être portée
devant l'office impérial des assurances.

Les paiements s'effectuent par l'intermédiaire
de la poste qui, dès qu'une indemnité est réglée,
avance la somme nécessaire. L'année expirée,
l'administration des postes dresse un état des
sommes qu'elle a ainsi versées, et les corporations sont chargées d'en effectuer la répartition sur
les industriels et d'en opérer le remboursement
dans un délai de trois mois. Outre ces avances de
fonds, le Conseil d'administration recouvre en
même temps sur les particuliers toutes les dépenses administratives de l'année. La répartition sur chaque exploitation se fait suivant le
nombre des ouvriers employés et le coefficient de
risques de l'entreprise.

Le système de la répartition, appliqué en Allemagne, en ajoutant aux charges nouvelles de

l'année, le montant des rentes constituées les années précédentes, aboutit à une augmentation progressive de primes annuelles jusqu'à ce que l'extinction des rentes anciennes vienne faire équilibre à la création des rentes nouvelles. On a essayé de remédier à cet accroissement de charges imposé à l'industrie actuelle par la constitution d'un fonds de réserve. Pendant les onze premières années d'application de la loi, on devait ajouter à la somme à répartir une autre somme destinée à décroître d'année en année. C'est ainsi que la première année, le supplément à percevoir était de 300 pour 100, la seconde année de 200 pour 100, la troisième de 150 pour 100 et ainsi de suite en diminuant.

Les cotisations sont perçues comme les impôts par les receveurs publics.

Voici quelques renseignements statistiques sur le système allemand :

En 1894, il existait 112 corporations, 64 corporations industrielles et 48 corporations agricoles (le commerce et la petite industrie ne sont pas astreints à l'assurance).

Il y avait :

1.095 membres des directions supérieures.

5.253 membres des directions de sections.

23.459 délégués surveillants.

209 agents de contrôle rétribués.

1.002 tribunaux arbitraux.

385 administrations publiques d'Empire, d'Etats, de provinces, de communes

17.533,380 assurés.

Il existait 426,335 établissements industriels comptant 5,248,965 assurés et 4,793,256 établissements agricoles comptant 12,289,415 assurés.

Voici les résultats financiers :

Dépenses totales : 59,157,312 marks dont 47,276,500 pour les corporations industrielles et 11,888,812 pour les corporations agricoles.

Recettes totales : 71,531,747 marks dont 55,233,595 pour les corporations industrielles et 13,298,152 pour les corporations agricoles.

En 1895, on comptait :

18,389,000 assurés dont
- 5,409,000 ouvriers de l'industrie.
- 12.290,000 ouvriers de l'agriculture et des forêts.
- 690,000 ouvriers des administrations publiques.

75.527 accidents ayant motivé indemnité.
- 33,728 dans l'industrie.
- 37,383 dans l'agriculture et les forêts.
- 3,356 dans les administrations publiques.

Accidents d'après leur gravité :

Cas de mort,	6448 soit 8 pour cent.
Incapacité permanente totale,	1706 soit 2,3 pour cent.
Incapacité permanente partielle,	41052 soit 54,4 pour cent.
Incapacité temporaire,	26321 soit 34,8 pour cent.

Déclarations d'accidents aux corporations, 307,833.
- 205,019 industrie.
- 80,598 agriculture et forêts.
- 22,216 administrations publiques.

Résultats au point de vue de la fréquence des accidents dans les établissements industriels :

	NOMBRES absolus	NOMBRES par 1,000 assurés	
Morts,	3644	0,67	0,66 en 1894.
Incapacité permanente totale,	780	0,14	0,16 —
Incapacité permanente partielle,	19442	3,57	3,82
Incapacité temporaire,	9992	1,85	1,61 —
Total des accidents indemnisés,	33728	6,23	6,25
Total des accidents déclarés,	205019	37,90	36,37

Moyennes des accidents par 1,000 ouvriers depuis 1886 :

Années	Accidents déclarés	Accidents motivant indemnités	Cas de mort
1886	27,37	2,89	0,71
1887	27,42	4,14	0,77
1888	28,04	4,35	0,68
1889	29,42	4,71	0,71
1890	30,28	5,36	0,73
1891	31,94	5,55	0,71
1892	32,49	5,64	0,65
1893	35,23	6,03	0,69
1894	36,37	6,25	0,66
1895	37,90	6,23	0,67

Dépenses de l'assurance :

67,234,915 marks avec augmentation de 4,173,593 marks sur les dépenses de l'année précédente qui s'élevaient à 63,061,322 marks.

Secours en indemnités,	49,374,015 marks soit 73,43 p. 0/0 du total.	
Frais d'administration,	6,747,939 marks soit 10,04	—
Frais d'enquête, justice arbitrale, mesures préventives,	3,239,021 marks soit 4,82 p. 0/0 du total.	
Versements aux fonds de réserve,	7,873,940 marks soit 11,71 p. 0/0 du total.	

Dans les corporations industrielles en particulier les charges se sont élevées à 49,282,897 marks.

Voici enfin quelques-uns des résultats les plus récents fournis en 1896 sur l'organisation des assurances dans l'empire d'Allemagne.

Personnes assurées,	18,389,000.	
Personnes indemnisées,	888,200.	
Recettes,	88,936,700 marks.	
dont payé par les patrons,	68,424,000	—
Dépenses,	68,424,000	—
dont indemnités,	50,125,880	—
et frais de gestion,	10.372,000	—
Réserve,	143,400,000	—

Indemnité moyenne accordée pour chaque cas de recours au bénéfice de l'assurance . 129 marks.

Quant aux litiges, voici quelle a été la progression depuis 1886 :

Années	Nombre de litiges	Nombre des appels.
1886	2,446	267
1890	14.829	2,354
1896	38,647	9,273

L'Assurance obligatoire allemande devait aboutir à trois buts principaux : la diminution du nombre des accidents, la diminution du nombre des litiges, la pacification sociale.

En premier lieu, on pensait diminuer le nombre des accidents, mais nous venons au contraire de constater la progression considérable des déclarations, et cela malgré l'organisation de mesures préventives imposées aux industriels par la loi de 1884 elle-même. Les accidents mortels restent à peu près stationnaires ; quant aux incapacités partielles de travail, on peut constater une progression de plus de 200 pour cent, et pour les cas d'incapacité permanente et partielle de plus de 90 jours, réunis, l'augmentation atteint encore un chiffre énorme de plus de 180 pour cent. On doit peut être attribuer, pour partie du moins, la cause de cette augmentation des déclarations d'accidents, à l'insouciance et à l'imprudence des patrons, dont l'initiative individuelle ne se trouve plus suffisamment stimulée depuis que la corporation s'est substituée à eux en se chargeant désormais de toutes les réparations à fournir aux victimes. Les Allemands ne parviennent pas à écarter complètement ce reproche en attribuant à d'autres causes l'augmentation des accidents : Les cas de mort, disent-ils, n'ont guère varié, et le nombre des accidents indemnisés est resté sensiblement le même. Les déclarations d'accidents insignifiants sont seules plus nombreuses, et cela tiendrait à cette tendance naturelle de faire valoir quelque droit à indemnité, même pour une blessure sans gravité. Le patron, d'autre part, pour se conformer à la loi, déclare le moindre évènement survenu dans ses ateliers. Enfin la multiplication des dangers dans l'industrie moderne pourrait encore expliquer cet accroissement des accidents, ainsi que l'augmentation du nombre des ouvriers et leur prédisposition aux accidents, occasionnée par cet état nerveux auquel les conduit « le caractère intensif et fébrile des modes de production.» (Rapport Bœdiker au Congrès de Bruxelles).

L'assurance sociale obligatoire avait ensuite pour but de supprimer les litiges, mais les renseignements fournis par les statistiques ne sont guère de nature à justifier de la réalisation de cette prétention. L'ouvrier devait toujours avoir droit à une indemnité et pourtant moitié des litiges sont suscités par des refus de pension. L'article 5 de la loi de 1884 ne refuse cependant une indemnité que lorsque l'accident a été intentionnellement provoqué. Mais l'assurance était devenue tellement onéreuse qu'une décision du 20 janvier 1890, rendue par l'office impérial des assurances, est venue trancher d'une façon extrêmement peu libérale la distinction des accidents professionnels et non professionnels, en laissant d'ailleurs au juge une certaine liberté d'appréciation qui est une source intarissable de procès. Ajoutons que les conseils des corporations et les tribunaux arbitraux se sont montrés très peu favorables aux ouvriers et ont occasionné la multiplicité des appels.

Enfin le régime allemand, institué dans un but de pacification sociale, n'a pas contribué à établir l'accord entre patrons et ouvriers. D'une part le patron ne s'est trouvé déchargé de sa responsabilité qu'au prix d'un lourd sacrifice, d'une forte, contribution. Il a été incorporé de force dans une mutualité obligatoire, étroitement surveillée par l'Etat, dont le contrôle entraîne des frais considérables. De là une cause d'impopularité de ce régime corporatif qui ne peut être un moyen de concorde. D'autre part la corporation est l'ennemie de l'ouvrier. Lorsque celui-ci est blessé, dans la crainte d'une simulation de sa part, il est transporté dans des hôpitaux spéciaux, et soigné par des médecins attitrés de la mutualité, peu disposés pour lui par conséquent, lorsqu'il s'agira de présenter leur rapport au Conseil d'administration chargé du règlement de l'indemnité.

Enfin, près de ce conseil, il rencontre une résistance obstinée. On soulève des difficultés, les subtilités de la distinction des accidents professionnels et non professionnels, et il se trouve réduit à consentir à une transaction désastreuse s'il n'aime mieux recourir à deux appels successifs devant les tribunaux arbitraux et devant l'office impérial des assurances.

Cet exposé de la situation actuelle ne permet guère de faire entrevoir la pacification sociale :

en Allemagne, le socialisme et l'Etat ne fera point échec au socialisme révolutionnaire.

Terminons cette étude du régime allemand par l'examen sommaire de quelques projets de réformes qu'il a été question d'introduire peu de temps après qu'il a commencé à fonctionner :

En 1894, le Conseil fédéral s'est occupé de deux projets, l'un relatif à l'extension de l'assurance-accidents, l'autre modifiant sur certains points l'assurance ouvrière.

Le premier généralisait l'assurance en y soumettant la petite industrie et le commerce ; pourtant certaines petites industries ne présentant aucun danger sérieux, pouvaient en être affranchies par exception au droit commun. Des dispositions spéciales étaient aussi édictées relativement à la procédure.

Le second projet qui n'apportait que des modifications peu importantes, avait pour but d'introduire dans l'assurance accidents des règles de procédure plus simples et concordantes avec celles qui concernaient l'assurance-maladies.

Le 4 novembre 1875, une commission de 60 membres a tenu à Berlin une conférence dans laquelle M. Bœdiker, président de l'office impérial des assurances, dans le but de réduire le nombre des fonctionnaires gratuits, difficiles à recruter, dans le but aussi de diminuer les frais et simplifier la procedure, proposait de fusionner les institutions d'assurances-accidents et d'assurances-vieillesse de la façon suivante : Les assurances accidents agricoles et les assurances vieillesse se réalisant par circonscriptions régionales, on les réunirait ensemble, en y ajoutant quelques-unes des corporations professionnelles, parmi les moins puissantes. Ces nouvelles institutions s'occuperaient donc à l'avenir de toutes questions relatives aux infirmités et à la vieillesse, des accidents concernant la petite industrie et des accidents agricoles. Quant aux grandes corporations professionnelles, elles réaliseraient comme auparavant l'assurance-accidents.

Le 17 novembre 1897, il a été déposé au Reichstag un projet qui n'étend plus l'assurance à la petite industrie et au commerce, mais il la généralise relativement à certains travaux, comme ceux du bâtiment, les entreprises de transport annexes des maisons de commerce, etc. Quant aux petits patrons (gagnant moins de 2,000 marks ou n'occupant qu'un seul ouvrier, les corporations pourront, par disposition spéciale, les contraindre à s'assurer. En tous cas, si les statuts de la corporation ne décident rien à cet égard, les petits patrons auront toujours le droit de se faire inscrire.

Le projet étend encore l'assurance à la petite navigation (bâtiments de moins de 50 tonneaux), à la pêche côtière et à la pêche lacustre.

Les autres dispositions du projet tendent à simplifier l'organisation des corporations, la justice arbitrale et la procédure.

Autriche.

La loi autrichienne comme la loi allemande établit des corporations entre industriels, mais elles ne sont pas professionnelles, mais régionales, chacune d'elles comprenant toutes les industries d'une province déterminée. Le groupement professionnel n'est admis qu'à titre exceptionnel, pour les entreprises de chemins de fer.

Les corporations ont à peu près les mêmes pouvoirs et les mêmes attributions qu'en Allemagne. Elles ont le droit en particulier de faire surveiller par des inspecteurs tous les établissements compris dans leur ressort. Mais elles ne peuvent organiser et imposer d'elles-mêmes des mesures préventives : celles-ci ne doivent être ordonnées que par l'administration provinciale.

Au point de vue de l'organisation financière, tandis que les Allemands ont adopté le régime de répartition, les Autrichiens se sont rattachés au système de la capitalisation, au système des primes ou système de couverture, en vertu duquel on constitue chaque année les capitaux nécessaires pour faire face aux rentes, le capital représentatif de ces rentes. Une caisse de réserve sert à l'acquittement des charges qu'on n'avait pu prévoir.

En Allemagne, les chefs d'industrie acquittent seuls les charges financières ; en Autriche, les ouvriers y participent pour une quote-part qui cependant est assez faible : tous ceux qui touchent un salaire en argent y contribuent pour 1/10, et les ouvriers qui ne touchent aucun salaire en argent n'y contribuent pour aucune part.

Cette participation des ouvriers aux charges de l'assurance entraîne une organisation des corporations différente de celle des Allemands ; les

Conseils d'administration comprennent un certain nombre d'ouvriers à côté des patrons.

Le système autrichien institué dans le même but que le régime allemand, consacrant les mêmes principes, s'attire les mêmes reproches. On constate un accroissement énorme du nombre des accidents : de 1890 à 1894 les statistiques relatent une augmentation de 100 pour 100. Patrons et ouvriers sont également mécontents, les premiers trouvant les primes trop élevées, les seconds les pensions trop faibles. Une modification du tarif des risques introduite, depuis le 1er janvier 1895, a entrainé une élévation de la prime et a soulevé de vives protestations. Enfin, comme en Allemagne, les procès se multiplient par suite de la résistance qu'apportent les corporations lorsqu'il s'agit du règlement de l'indemnité.

Dans les différents projets de réforme, on constate cette tendance à soumettre l'industrie tout entière au régime d'assurance sociale obligatoire. — Une loi du 28 juillet 1889 avait déjà étendu la loi de 1887 aux ouvriers mineurs. Une autre loi du 10 juillet 1894 y assujettit d'autres catégories de travailleurs : ouvriers des chemins de fer, des bateaux à vapeur, des théâtres, les tailleurs de pierre.

Terminons par quelques résultats de la statistique en 1895 :

Assurés : 1.877.194. — Etablissements : 215.773.

Ouvriers de l'industrie : 1.381.307. — Etablissements industriels : 81.516. — Ouvriers de l'agriculture et des forêts dans les travaux nécessitant l'emploi de moteurs : 495.887. — Etablissements agricoles et forestiers : 134.257.

En 1894, il y avait 1.598.404 assurés et 192.026 établissements. L'augmentation considérable constatée en 1895 vient de l'extension apportée à l'assurance par la loi du 10 juillet 1894.

Déclarations d'accidents en 1895 : 54.562. Accidents indemnisés : 16.395, soit 30 p. 100.

Morts,	835	soit 5,1 pour 100.
Incapacité permanente totale,	203	soit 1,2 pour 100.
Incapacité permanente partielle,	4.721	soit 28,8 pour 100.
Incapacité temporaire de plus de 4 semaines,	10.636	soit 64,9 pour 100.

Accidents industriels : 15.842. Accidents agricoles et forestiers : 553.

Proportion entre le nombre des accidents et le nombre des assurés dans les établissements industriels, des années 1890 à 1895.

Nombre par 1,000 assurés des cas de :	1890	1891	1892	1893	1894	1895
Mort,	0,58	0,56	0,55	0,58	0,58	8,58
Incapacité permanente totale	0,09	0,10	0,11	0,10	0,09	0,15
Incapacité permanente partielle,	1,52	1,94	2,24	2,76	3,00	3,24
Incapacité temporaire,	4,99	6,15	6,10	6,37	7,07	7,50
Total des accidents motivant indemnité,	7,18	8,75	9,00	9,81	10,74	11,47
Total des accidents déclarés,	17,48	21,70	25,63	30,21	35,18	38,92

En Autriche, le chiffre des morts est de 0,58 ; en Allemagne, il est de 0,70. Cela tient à ce que le groupe « Industrie » ne comprend en Autriche ni les mines, ni les entreprises de transport.

Résultats financiers :

Encaissements par les établissements d'assurances : 7.561.762 florins. Dépenses : 8.429.214 florins en indemnités, capitaux de pensions, gestion.

Cotisations payées : 6.654.874 florins.

Cotisation moyenne par tête d'assuré : 3 fl. 54 en 1895 ; en 1894, 2 fl. 77 ; en 1893, 2 fl. 82 ; en 1892, 2 fl. 78 ; en 1891, 2 fl. 60 ; en 1890, 2 fl. 67.

Montant des dépenses effectives en pour cent des cotisations :

Années	Charges des accidents	Administration	Total.
1890	74 3	9,7	84,0
1891	84,2	11,3	95,5
1892	89,1	11,9	101,0
1893	104,8	12,9	117,7
1894	109,7	14,2	123,9
1895	102,5	10,9	113,4

Norwège

La loi du 23 juillet 1894 a établi dans ce pays le régime des assurances obligatoires sociales, réalisées par un établissement national garanti par l'Etat.

Le patron est seul chargé du paiement des primes et l'ouvrier n'y contribue pour aucune part. Les cotisations sont en raison du salaire des assurés et d'un coëfficient de risques qui varie suivant le genre d'industrie. Le roi fixe et révise tous les cinq ans le tarif des risques, sauf approbation par le Storthing. Tous les trois mois les cotisations sont versées à la caisse de l'établissement national ; quant aux pensions, elles sont soldées d'avance tous les mois.

Angleterre

La loi anglaise du 6 août 1897 sur la responsabilité civile des patrons, ne fait que consacrer le risque professionnel et laisse à l'entrepreneur la faculté de s'assurer ou non, et d'user de tout mode d'assurance qu'il juge à propos d'employer,

Dans le but de respecter toutes les Sociétés ou mutualités qui se chargent actuellement de réaliser l'assurance ouvrière, elle permet de substituer au régime qu'elle a établi, celui de l'assurance volontaire, organisée par le libre accord des patrons et des ouvriers, pourvu qu'il soit bien constaté que la stipulation intervenue fasse à ces derniers une situation aussi favorable que celle qui leur est créée en vertu des nouvelles dispositions législatives.

Suisse

Le projet de loi de M. Forrer organisait l'assurance ouvrière obligatoire et en répartissait la charge entre les patrons, les ouvriers et la Confédération qui devait y participer pour 8 millions.

Il a rencontré des oppositions très vives, et on lui a reproché de ne pas respecter les libertés et les compétences cantonales et d'anéantir les caisses d'assurances qui se sont librement organisées.

La commission du Conseil national, chargée d'examiner le projet, s'est en partie ralliée aux idées fédéralistes et libérales, tout en maintenant le principe de l'assurance obligatoire. Elle a en outre réduit la participation de la Confédération de 8 millions à 5 millions. La participation de l'ouvrier est portée à 20 p. 100 de la prime, à raison de l'indemnisation de tout accident, professionnel ou non, même survenu en dehors du travail.

Le projet de la commission est actuellement à l'ordre du jour devant le Conseil national. Il est à prévoir qu'il rencontrera des résistances sur la question d'assurance obligatoire ainsi que sur la question financière.

Italie

Le dernier projet voté récemment par le Sénat italien, de même que les projets précédents, organise non plus l'assurance sociale obligatoire, mais la garantie obligatoire de l'indemnité. Le patron est libre de s'assurer où il veut, pourvu que les droits éventuels de l'ouvrier soient saufgardés. Il lui est loisible d'ailleurs de s'adresser à la caisse nationale d'Etat qui fait concurrence aux Compagnies ou Sociétés sans exercer cependant aucun monopole. On a ainsi voulu favoriser les mesures d'initiative privée qui avaient été prises, dès avant le vote de la loi, par un grand nombre d'industriels.

Pays-Bas

Le projet du gouvernement déposé en février 1897 organise l'assurance par une caisse d'Etat, en adoptant, comme en Autriche, le régime financier de la capitalisation.

Danemark

Le projet déposé en 1895 par MM. Christensen Stadil et Bramsen avait pour base l'assurance par l'Etat ; pourtant certains patrons qui auraient assuré leurs ouvriers près des Compagnies ou Sociétés privées pouvaient, sous certaines conditions, s'affranchir de l'intervention de l'Administration. Le régime financier adopté était, comme en Allemagne, celui de la répartition. Des tribunaux arbitraux, composés de patrons et d'ouvriers, tranchaient les contestations relatives aux indemnités (1).

Suède

Le projet du 12 mars 1890 impose l'assurance par une caisse d'Etat dans laquelle sont versées, tous les trimestres, les primes payables par les patrons.

---

(1) Le 15 janvier 1898, la responsabilité des patrons en cas d'accidents a été l'objet d'une loi dont voici les principales dispositions :

Il est d'abord donné une énumération des industries soumises au nouveau régime ; exploitations industrielles, mines, carrières, chantiers de constructions, entreprises de transports, etc.

Les indemnités temporaires atteignent un taux assez élevé qui peut aller jusqu'aux 3/5 du salaire.

La réparation en cas d'incapacité permanente se fait par le versement d'un capital et non par la constitution d'une rente.

L'industriel peut rester son propre assureur ; il peut aussi recourir à une assurance par les Sociétés d'assurances mutuelles ou anonymes reconnues et approuvées par l'Etat.

L'ouvrier ne participe en aucun cas au paiement d'une partie de la prime, et toute disposition à cet égard serait nulle de plein droit.

Un *Conseil d'assurance ouvrière* reçoit les déclarations d'accidents et fixe les indemnités en capital. Les indemnités temporaires sont déterminées par les parties intéressées, et si l'accord ne peut se faire, le Conseil statue en dernier ressort.

Ce Conseil comprend deux membres, dont un médecin, nommés par le roi, deux patrons et deux ouvriers appartenant aux exploitations assujetties. Les patrons sont désignés par le ministre de l'intérieur et les ouvriers élus par les membres des caisses de maladies.

Vu par le Président de la thèse

    E. GARDEIL.

Vu par le Doyen de la Faculté,

E. LEDERLIN.

Vu et permis d'imprimer,

   Le Recteur,

    A. GASQUET.

BIBLIOGRAPHIE

ANDRÉ ET GUIBOURG. — Le code ouvrier.

BELLOM. — La question des accidents du travail. (*Revue politique et parlementaire*, t. 1, p. 65. et s.). — Des assurances ouvrières en Allemagne. (*Revue politique et parlementaire*, 1897, p. 336.) — Les lois d'assurances ouvrières à l'étranger et assurance contre les accidents (Allemagne).

BRY. — Cours élémentaire de législation industrielle.

BLOCK. — L'assurance ouvrière en Allemagne et les récents projets relatifs à sa transformation. (*Revue politique et parlementaire*, 1896, p. 478).

CAUWÈS. — Cours d'économie politique t. 3, n° 1061 et s.

CHESNAY. — Patrons et ouvriers, responsabilité quant aux accidents du travail (*Revue critique* 1893). — De l'action civile et de la prescription de cette action (*Revue critique* 1893).

CHEYSSON. — Le congrès de Milan et la garantie obligatoire de l'indemnité (*Revue politique et parlementaire*, t. 3, p. 248 et s.

COURCY (de). — Le droit et les ouvriers.

DALLOZ. — Recueil de jurisprudence.

DESJARDINS. — Questions sociales.

DROIT INDUSTRIEL (Revue du) passim.

DUFOURMANTELLE. — Code manuel de législation industrielle.

ECONOMISTE FRANÇAIS, passim.

FUZIER-HERMAN. — Code civil annoté.

GANDOUIN. — Les accidents du travail, responsabilité et assurance.

GIBON. — Les accidents du travail et l'industrie.

GLASSON. — Le code civil et la question ouvrière.

Guyot (Yves). — Les accidents du travail et le congrès de Milan (*Revue politique et parlementaire*, t. 2, p. 281 et s). — Les accidents du travail en Allemagne (*Revue politique et parlementaire*, 1897, p. 449)

Jacquey. — A propos de la loi sur les accidents du travail — *Revue politique et parlementaire* 1897, nᵒ du 10 novembre).

Journal des Débats, nᵒˢ des 26 et 30 octobre 1897.

Journal Officiel. Comptes-rendus des débats parlementaires sur les différents projets de lois en matière d'accidents du travail, passim. — En particulier: Annexes, Chambre, 1892, p. 301 et s. (Rapport Ricard.)

Labbé. — Note sous S. 85. 4. 25.
        id.   S. 86. 4. 25.

Lefebvre. — De la responsabilité délictuelle, contractuelle (*Revue critique*, 1886, p. 485).

Le Poitevin. — Les accidents du travail (*Droit industriel* 1890, t. 5, p. 5. et s.)

Lyon-Caen. — Note sous S. 85. 1. 129.

Martin. — Des assurances contre les accidents et en particulier du contrat d'assurances collectives.

Nourrisson. — Le risque professionnel et les accidents du travail.

Office du Travail. — Passim.

Pic. — Traité élémentaire de législation industrielle. La question des accidents du travail devant le Parlement français (*Revue politique et parlementaire*, t. 4, 1895, p. 502 et s).

Planiol — *Revue critique*, 1888, p. 281.

Revue critique, passim.

Revue du droit public et de la science politique en France et a l'étranger, passim.

Revue politique et parlementaire, passim.

Réforme sociale, passim.

Sainctelette. — Accidents du travail. Responsabilité et garantie.

Sauzet. — Responsabilité des patrons vis-à-vis des ouvriers dans les accidents industriels (*Revue critique*, 1883). — Situation des ouvriers dans l'assurance accidents collective, contractée par les patrons (*Revue critique*, 1886).

Staes. — Les accidents du travail.

Sirey. — Jurisprudence.

Tarbouriech. — Des assurances contre les accidents du travail. — Les accidents du travail au congrès de Bruxelles. (*Revue du droit public et de la science politique en France et à l'étranger*, 1897.)

Villetard de Prunières. — L'assurance contre les accidents du travail.

TABLE DES MATIÈRES

Accidents du Travail

Chapitre préliminaire

PREMIÈRE PARTIE

De la responsabilité civile du patron

TROISIÈME PARTIE

Des assurances contre les accidents du travail

IMPR. L. KREIS, 51, RUE St-GEORGES · NANCY